JN159879

評伝・小林正盛

星野英紀

法藏館

目次

評伝・小林正盛

はじめに

私の所属する真言宗豊山派僧侶でリーダーの一人であった小林正盛猊下について論ずるような機会がくるとは、思いもよらなかった。

宗派にはどこでも、「管長列伝」「能化列伝」といったように、宗派トップの貢献を書き綴った書物があり、本書で取り上げる小林正盛師も、真言宗豊山派総本山長谷寺の第六十六代化主である。そのため、化主猊下として宗内には定まった評価がある。しかし、私はそれとは別の視野、換言すれば「広い、社会的脈絡の視点」から小林師を捉えてみたいと思い、本書作成に取りかかった。「広い、社会的脈絡の視点」というのは、小林師の行動に対する、「他者との関連における視点」、あるいは「社会的脈絡からの評価」ということである。

宗教（あるいは宗教者）の研究には、いくつもアプローチがある。代表的なものは、教義をその宗教の立場から研究するもので、仏教では宗学あるいは仏教学が代表的なものである。宗学には、その宗教の歴史を研究する宗史学という分野も含まれてくるであろう。

小林師を宗史的観点から研究することもできる。あるいはまた、他の宗教あるいは宗教者との比較で研究する立場もあろう。

本書の立場は、これらとは異なり、社会的脈絡、文化的脈絡を踏まえて研究する立場を参考にしている。私の専攻してきた宗教学では、ごく普通に行われている研究方法である。近代日本宗教史、近代日本仏教史という分野であるといってよい。宗学・教学の立場に習熟している方々にとってはいささか異質なアプローチかもしれないが、本書で小林師の別の面を浮き彫りにしたいと考えた。小林師には、宗内での活動と宗外での活動とがあり、そのうち宗外での活動への着目も、本書が意識的に行っていることで、そのあたりから師の活動の拡がりを見ていただけるのであれば幸いである。

小林正盛師
（市橋杲潤氏提供）

内容についてさらにいま一点書き加えさせていただくと、本書の中心は、小林師と新仏教徒同志会（旧・仏教清徒同志会）との関わりとなっている。とくに第二章がそのテーマを取り扱っているが、本書の他所でも両者の関係には言及している。新仏教徒同志会は、同会発足時の「我徒の宣言」（本書、三一頁〜）にあるとおり、守旧的伝統を激しく批判しており、旧仏教側から「蛇蝎のごとく」嫌われていたと証言する人々も少なくない。しかし、時間の経過とともに両者の関係は微妙に変化していくようにも読み取れる。新仏教徒同志会が、旧伝統仏教と全く対立の関係を維持し続けたわけでもない。そもそも、その同人たちも、寺院出身あるいは僧階所有者であった者が大半である。その意味で彼らは、伝統仏教ときわめて近い関係にあったともいえる。むしろ、だからこそ、仏教の改革を主張したのであり、新仏教徒同志会の同人たちは、伝統仏教教団の外周部分としてそこに密着していたとも表現できる。

他方、彼らが激しく批判した伝統仏教の内部そのものも、必ずしも一様でなかった。明治維新という大きな変化のなかで、伝統仏教のなかにも、従来からの仏教を保持しようという立場と、新しい時代のなかでそれ相応の変容をとげるべきだとする立場とがあった。つまり、伝統仏教教団のなかにも守旧派と改革派があったと考えることができる。

文中で紹介した富田斅純師のエッセー（本書、四四頁〜）は、そのあたりを物語っている。富田師は真言宗僧侶であるが、真言宗がみずから「秘密教」と称し、何事もすべて秘していることを尊び、いわば情報公開を拒否する立場をとったのに対して、教団内部にありながらも積極的に公開を主張し行動に移していた。富田師が『新義真言宗史』や近代的装いの真言宗辞典である『秘密辞林』を出版したのも、集団内改革派であったことの証左である。そうした「情報公開」が実行できたのも、新仏教徒同志会の影響であると富田師は回顧している。

小林師は終生、いわば改革開放路線を基本的に歩んだ人物であり、それは彼と新仏教徒同志会同人たちとの交流による影響と考えることができると考えている。小林師の理解には、新仏教徒同志会との関係を無視することはできないという立場を本書はとるところである。

なお、小林師をはじめ戦前の方々の文章を引用する場合は、原文遵守よりも読みやすさを優先したため、漢字は資料翻刻である付録を除き、原則新字を使用し、難解な漢字はひらがな化を行い、（　）で適宜注記を補ったほか、ルビを付した場合がある。また、以下では敬称も省略していることをご了承いただきたい。

第一章　小林正盛の経歴と人となり

一、生い立ち

明治政府が成立し、仏教各派は新しい政治体制下、政府の強い指導のもと、新たな組織作りに取り掛かった。真言宗豊山派は、一九〇〇（明治三十三）年に総本山を大和長谷寺とし、新たな装いで近代の歩みを開始した。

ここで取り上げる小林正盛（一八七六〜一九三七）は、明治後期から昭和前期にかけて同派の中心的人物の一人として活躍した僧侶である。

私自身も真言宗豊山派の僧侶であるが、その限りにおいて、小林正盛を論ずるにはある意味の制限が課せられてくる。彼は能化（のうけ）、つまり信仰の導き手として、教団の宗教上の最高位についた僧侶である。能化とは所化（しょけ）を導く人であり、所化とは導かれる人に対する語である。所化とは能化以外の全ての人々、つまり全僧侶と全信者、一般人を指すものであり、その意味で能化は宗教的には教団最高位の人物である。教団人は彼を「能化様」と呼び、その宗教的権威をストレートに受け入れるのである。その意味で、「能化の人生を資料によって再構成しよう」というような本書の試みは、いわば「畏れ多い」ことにもなりかねない。私は、小林能化に対する尊敬の念に抜かりはないつもりであるが、激動の時代を生きた人物をその時代や社会背景との関連のなかで捉え、その一生の意味を可能な限り再構成し、資料に基づいて小林正盛という人間の深さと幅広さを描いてみようとするものである。

彼の生涯を整理すると、年譜は以下の通りである。

小林正盛年譜

一八七六（明治九）年　（茨城県古河市田口忠八の五男として誕生）

一八八二（明治十五）年　小林と改姓、勝順盛が住職を務める尊勝院（古河）の弟子となり奈津子（夏子との表記もあり）夫人に養育される。そののち十二歳の時、得度。法名聖盛（戒師は雨引山楽法寺中小路聖深僧正）。のちに名を「正盛」と改める。

※この期間に加行灌頂成満

一八九七（明治三十）年　新義派大学林卒業。

一八九九（明治三十二）年　東京専門学校英文科卒業。在学中、漢詩を福井学圃（漢詩人、一八六六～一九四三）に学ぶ。

一八六八～一九一八）に、書を中村不折（書道家、

一九〇〇（明治三十三）年　埼玉県児玉郡善台寺住職就任。

一九〇三（明治三十六）年　小林の阿字観の師僧山県玄浄没。

一九〇六（明治三十九）年　小林の最初の住職寺善台寺焼失(1)。

一九〇七（明治四十）年　佐賀県の覚鑁誕生地を訪ね、その荒廃ぶりに啞然とする。当時の仏教界の大物大内青巒にも誕生地での寺院建立を求められる。誕生院再建を決意。四国遍路体験（五～八月の七十五日間。丹生屋隆道と）。

一九一〇（明治四十三）年　豊山大学学監就任、豊山中学校長就任。

一九一三（大正二）年　誕生院再興。

一九一四（大正三）年　豊山中学校長辞任、豊山大学学監辞任。

一九一五（大正四）年　足利の鶏足寺住職就任。

一九一七（大正六）年　総本山長谷寺事務長就任。

一九一八（大正七）年　真言宗豊山派宗務長就任。

一九二一（大正十）年　宗務長退任。

一九二四（大正十三）年　誕生院第二世住職。

一九二五（大正十四）年　密教重興で権田雷斧団長のもと、中国訪問。

一九二八（昭和三）年　朝鮮開教師就任。

一九二九（昭和四）年　朝鮮開教師長就任。

一九三〇（昭和五）年　長谷寺能化就任。

一九三五（昭和十）年　真言宗長者に就任し後七日御修法大阿を務める。

一九三七（昭和十二）年　総本山長谷寺慈冠堂（小書院）で六月十八日に遷化。世寿六十二歳。


小林は生涯を通じてきわめて健筆、多筆であり、さまざまなところに文章を投稿している。時代が古いこともあり、現段階で私はそのすべてに目を通したとはいえないほど、小林は明治期に数多く出版されていた仏教界関連の雑誌などにしばしば文章を寄せたようである（小林自身も、『加持世界』という月刊誌の出版責任者にもなったほどである）。それらは一部復刊されているが、現在では再見することが難しい状態になっているものも少なくない。実際のところ、小林正盛研究の難しいところは、小林が数多くの執筆をしていて、それをすべて掌握することが容易ではないところである。彼は書くことに熱心で労を惜しまなかったといえる。一日一〇〇通の手紙を書くことなど日常茶飯事だったようであるし、年賀状を五〇〇〇通出していたとも伝えられる。

小林正盛研究において、彼がきわめて多筆であったことは研究者にとって基本的には好ましいことである。しかし、彼自身が「このことは他に記したのでここでは省略したい」などというようなことをたびたび書いているのであるが、問題はそれがどこの雑誌であるか明記されない場合も多い。明治の仏教界は数多くの雑誌を発刊しており、そのこと自体が研究対象になっているほどである。この時代はメディアとしての雑誌が、多くの人々に注目され始めた時代だったのだろう。しかし、いわゆる「三号雑誌」という表現にあるように、浮き沈みが激しいなかで、現在まで保存されていないと思われるものもある。

小林正盛の多筆で問題になる第二点は、多筆であるがゆえに、彼自身が記憶にまかせて書きまくるという場合も散見されることである。「誰それに会った」という事実に関することでも、日時について曖昧な場合もあり、研究者はその点は注意していくべきであろう。ただし、彼自身はおおらかな性格で、自らが行ったこと、自らに起きたことを隠すことなく正直に書いているように思われるので、細部の確認を怠らないという条件付きで、彼の多筆は研究者にとってはありがたいことである。

二、小林正盛の人柄、特徴的性格

没後すでに九十年近くが経過しており、小林正盛の人となりを直に知っている人物は皆無といってよい。そこで、小林の業績ではなく人柄を知る手立てとして、ここでは彼の没後二カ月後に出版された総本山長谷寺の教宣用雑誌『はつせ』第一一八号「正盛大僧正追悼号」に寄せられた友人知己の追悼文、およびその他の追悼文などを主な参照文献にしてみようと思う。『はつせ』第一一八号に寄稿した人数は合計三十六名であり、仏教界だけでなく、学校時代からの友人なども相当数加わっている。追悼号と銘打っているので、書き手にもそれなりの忖度が働くことが考えられる。そのため、資料は奥歯にものが挟まったような、遠慮した内容になるのではないか、という危惧もある。確かにそのような限定はあるかもしれない。しかし、数多くの「小林正盛への追悼および思い出話あるいは回顧談」を集めてみると、さまざまな小林正盛観が披瀝されていることがわかり、必ずしもバイアスや遠慮のみで寄稿者の文が同じ方向を向いているわけではないことがわかってくる。この方法も過去の人の人物像を浮き彫りにする手立ての一つと考えられ、故人像を具体化する方法だと考えている。愛情をもっての表現ではあるが、故人に厳しい言葉を投げかけている寄稿者もおり、全体から見ると、故人の生前の姿がそれなりに浮き彫りされていると感ずる。

先に小林の年譜を挙げてみたが、これからのみ彼の人となりを把握するのはかなり困難である。いずれにせよ、過去の人々を語る方法は色々あるに違いない。本書も、まさにそのことが目的である。小冊子ではあるが、一冊の本のスペースを費やして小林正盛の人間像を浮き彫りにしようというものである。したがって、終頁を終える時に小林の人間像がいささかなりとも具体的に浮き上がってくれれば、この評伝の目的はほぼ達成される。

さて、ここで参照するのは、先に触れた『はつせ』第一一八号「正盛大僧正追悼号」に加えて、さらに二種類の資料である。すなわち以下の三冊の追悼号、追悼記を参考にしてみたい。そして必要な範囲で他の文献も取り上げることにする。

資料A……『はつせ』第一一八号「正盛大僧正追悼号」、一九三七年八月十七日、総本山長谷寺刊。

資料B……三国浄春編『雨峯上人心琴抄』雨峯小林正盛大僧正三十三回忌記念、一九六九年六月十八日刊、足利鶏足寺発行。

資料C……三国浄春編『雨峯会記』（雨峯上人心琴抄・別冊）雨峯三十三回忌記念出版、一九六九年六月三十日刊、足利鶏足寺発行。

資料Aは先述した小林の遷化から二カ月後に発行された総本山長谷寺の教宣月刊誌『はつせ』の小林追悼号であり、本号をもって『はつせ』は終刊となった。資料BとCは、小林正盛三十三回忌に発行された書物である。ちなみに『雨峯会記』というタイトルは、小林の生前に組織された、各界の小林の友人知己が小林を囲む会であった「雨峯会（うほうかい）」に由来するものである。雨峯会については第五章で詳しく述べる。

これらの資料はいずれも編集の方法が類似している。つまり、小林と交流のあった人々の、彼に関する追悼の辞、思い出の言葉を集めたものである。資料BとCの編集者は三国浄春（一九〇四〜七〇）と明記されているが、三国は小林の佐賀誕生院住職在任時から秘書を務めており、のちに娘婿ともなった僧侶で、小林の最も身近にいた人物である。Aの『はつせ』第一一八号の編集にも三国浄春は深く関わっていると推測される。ちなみに、『はつせ』第一一八号には総本山においての小林正盛の発病・遷化・葬儀についてきわめて詳細な報告と資料が掲載されており、後世の我々には大変貴重な資料である（なお、本書末に『はつせ』第一一八号に掲載された小林正盛の臨終の様子と葬儀全般の部分を付録として翻刻掲載した)。

ところで、もし他者に「正盛をどのような人物と考えるか」と問われれば、私は「一口でいうと、夢みる情熱家」といいたい。

本章では、以上の三資料を根本として、加えて必要に応じて本章の趣旨に沿うと考えられるものも適宜参考にしている。

「慈顔温容」(資料A　八頁)

「立派な詩歌文章家であるのに敬服致しておりました」(資料A　一四頁)

「天才肌の性格所有者である。ゆえに多芸多能であった。もっとも矛盾性に富んでいた。『加持世界』時代には飲酒も喫煙も度をすぎた。しかるにいつしかすべて禁止した。……往年の「新仏教徒」は晩年には、旧信仰に没頭して地蔵流しの信仰に転化したるごときは、矛盾性のしからしむることと思う」(資料A　一八頁)

「手八丁の師はまた口八丁で、豊山派における伝道の先駆者」(資料A　二二頁)

「水道町を通りかかった折しも一人の乞食に出会った師は余り豊富でもない財布を懐中より取り出し、その乞食の手を握り、確と抱きしめ、要るだけの銭を取らせようというのである。また、ある店に入って物を買わんとして例の財布を再び取り出して、これを店員に手渡し、財布ぐるみに与えようとするなど、無欲枯淡たる有り様は行人をして顰蹙せしめ、大笑いせしむることがたびたびあった」（資料A　二二頁）

「奇跡を信じ夢を信じて盛んにこれを説いておらるる」（資料A　二四頁）

「一面非常に親切であったが、また他面かなり辛辣なものがあった。弟子に対しても、信者に対しても、ムキつけて強い言葉で叱りつけることもある」（資料A　二四頁）

「元来情の人であった、涙の人であった」（資料A　二四頁）

「能化の包容力はすこぶる大きいものがある。敵をも愛する用意が常にできておった」（資料A　二六頁）

「情熱の火が如きご性格でいらせられた」（資料A　二九頁）

「漢詩に堪能であると共に、書においても優秀であった」（資料A　三六頁）

「同朋愛の熱に燃えたご行動」（資料A　二九頁）

「金に対して、いささかの執着も持たれぬ」（資料A　二五頁）

「金ばかりでない。名においてもまたすこぶる淡泊」（資料A　二五頁）

「師の一生は、一面努力精進、一日も安らかな、静けさもない」（資料A　二五頁）

「師は南船北馬、仏法弘通のためには自分を顧みぬといった風の人だった」（資料A　二五頁）

「雨峯主は、よく働いた人だ。勤行大精進の人であった」（資料A　五一頁）

「無我枯淡、洒脱幽雅、その一面は確かに詩から養われ、詩教一致の三昧境に優遊されていた」（資料Ａ　五五頁）

「いかに多感な人であり、熱情の人であったか」（資料Ａ　六〇頁）

「小林猊下はつとにはやくから多趣味方面のお方でした。行くとして可ならざるなしといった風に、いろんな方面に渉ってそれぞれ天分を発揮されました。いかなることにも理解をもち、いかなることにも共鳴されたことは、実に猊下の長所でもありましたが、また甚だ失礼な申しかたながら、同時に短所でもあったかと存じます」（資料Ａ　六八頁）

「君は信仰家であると共に勤勉家であった。事業家であった。またよく時勢を見る明があった」（資料Ａ　七一〜七二頁）

「能化は御趣味が広く多方面で文学芸術にも御造詣が深かったので、その方面にも知人交友が多く、これがため一般世間の交渉にも都合がよかったことと思われます」

（資料A　九〇頁）

「人も知るごとく、学術兼備の名匠で、ことに熱情家で活動家である」（『鹿島誕生院復興史』誕生院興隆会、一九三四年　五一八頁）

「熱誠なる（人柄）」（同前書　三頁）

「生涯、修法実践と伝道活動に身を捧げた」（資料B　二頁）

「そばに居たときは、「やかましい和尚だがよく仏さまは拝まれる方」という印象だった。しかし後になって三十三回忌ともなると「偉大な尊い方である」と思っている」（資料B　八九頁）

「関東大震災のとき、はるばる小俣（栃木県足利市）から大八車に慰問品を山積みにして東京・横浜へ来られた能化が、気の毒な人々に何人でも分け与えてしまって、ついに帰りの汽車賃もなくなり無一文になられたなど、まったくの無欲、無執着の行業が

思い起こされます。一生をこれで通されたお方でした」（資料B　一一頁）
「能化からいつも「すまない、ありがたい、きのどく」で暮らせ、忘れるなとさとされた」（資料C　一二頁）

まだまだこのリストは長くすることができる。引用の長さもまちまちであるし、単なる羅列であり、読者にとっては退屈さを感じさせるのではないかと危惧するところであるが、各筆者と小林正盛との人間的距離感の長短はあるものの、それでもなお、読者には小林の姿がやや明確になってきたのではないだろうか。

一方、小林自身も若かりし頃、つまり一九〇七（明治四十）年を境に精神的大転換をとげるのであるが、以下のように、それまでの自分の姿にはきわめて否定的な評価をしている。

「私が二十歳前後の時、（古川老川（ろうせん）氏は）初めて「新仏教」を創唱して吾々青年僧を鞭撻してくれた。……その時代より約三十年を経ている。顧みれば過去の私は、ほとんど碌々として歳月を送迎して、仏祖の大悪人たるにすぎない[2]」

とまで言い切っている。本当に「仏祖の大悪人」であったとは、私は理解しない。思い返してみれば、この時代は小林にとってはかなり不満足な振る舞いだったのかもしれないが、仏教者としてさまざまな試行錯誤を図っていたように思える。それを含めて、次章以下にて詳しく見てみたい。

註

（1）この火災について、小林正盛は「我が寺焼けたり」と題して、小文をものしている（「我が寺焼けたり」〈『加持世界』第六巻第七号、一九〇六年七月一日〉、三〇～三三頁）。

（2）小林雨峯「眼を九天の外に放って脚を九地の下に着けよ」（『六大新報』第一〇九六号、一九二五年新年）、一九頁。

第二章　前半生と新仏教徒同志会

一、新仏教徒同志会との出会い

小林正盛（雨峯）の全生涯を見てみると、一九〇七（明治四十）年を境に大きな変化が見られる。それまでの人生を前半生、その後を後半生とすることができよう。それほどに明確な分岐点なのである。それは、本人自身も周囲も認めているところである。

「東西に漂流し、学生時代に入っては、ほとんど、信仰なぞにたずさわることもなく、無我夢中に日を暮らして、ついには三十年も過ぎ去ったのであった。年三十一歳。

明治四十年五月初めて、自己に夢醒めて、九州、四国遍路の旅路にのぼり、以来、私の性格は一変して、ついに信仰生活に入り、あるいは坐禅、観法、できるだけの修行方法を講ずることに苦心したのであった[1]」

小林の当時の生活を見ると、彼の述べるところの人生の変化は確かに首肯することができる。しかし、ややもすれば、上記の文章だけを読めば、小林は若い頃に無頼な日々を送っていたかのごとくに決めつけるきらいもあるかもしれないが、それはいささか即断しすぎである。

小林正盛は一八七六（明治九）年六月十一日、今の茨城県古河市の田口忠八夫妻の五男として生まれた。幼少期の名前は、田口正吉といった。六歳の頃、実家近くの古河尊勝院に迎えられた。住職の勝順盛とその妻・奈津子（夏子）に育てられた。とりわけ奈津子には添い寝をしてもらうほど大切にされ、勝夫妻には実子のように養育されたという[2]。活発で愛嬌のある男の子であり、人なつっこい性格だった。学校の成績は優秀、しかしどちらかといえば、蒲柳の質だったという[3]。

十二歳の時、茨城県の真言宗豊山派の名刹雨引山楽法寺に上がり、尊勝院勝順盛を師僧として得度を受ける。そしてそのまま雨引山の専修学林の生徒となり、僧侶としてのキャリアを始める。雨引山楽法寺に入寺した頃、雨引山で小林に会った幼少期の友人は、「（雨引山の）中腹に至るとお寺（楽法寺）があり、一人の貧弱な痩せた黒衣の少年僧侶が余に向かってきたのである。誰かと思って凝視したるに小林君だった」と後に述懐している[4]。

小林は、自らの幼少時代を回顧してつぎのように述べている。

「一体私は、少年時代非常に虚弱で、学生時代もまた至って運動嫌いな性格であったせいか、どちらかというと、憂うつな傾向にあった[5]」

雨引山の専修学林を修了後、東京の豊島区に住いながら午前中は護国寺の専修学林に通い、午後は住居の近くにあった東京専門学校（早稲田大学の前身）の生徒となり、当時の日本の代表的英文学者・坪内逍遥（一八五九～一九三五）のもとで文学の勉強を続ける。坪内とはその晩年まで交流があったらしい。仏教関係の資料について、坪内が小林に問いただしたりしたようである。坪内逍遥が一九三五（昭和十）年に逝去すると、小林は『はつせ』に「坪内逍遥先生を憶う」と題する追悼文を寄稿している[6]。

東京専門学校時代の友人の何人かとは生涯を通じて親しく交流しており、『はつせ』第一一八号の「正盛大僧正追悼号」には、当時の友人の何人かが追悼文を寄せている。学生時代の友人たちとも終生交流していたことがよくわかる。前述のとおり人なつっこい性格であったのだろう。

小林の豊山中学校教員時代の生徒で、その後も小林に多面にわたり指導を仰いでいた豊山派僧侶・大橋伝尊（一八八四～一九八二）は、『はつせ』第一一八号「正盛大僧正追悼号」で日記スタイルの長い追悼文を寄せている。たとえばそのなかの明治三十八年六月十五日の項では、「午後一時より、音羽の観音堂において高祖弘法大師降誕会が開催せられ、正盛僧正が開会の辞を述べられたが、実に立派な演説でいまでも記憶している」と述べている。[7] 音羽の観音堂とは護国寺の本堂であり、小林はその年に豊山中学校の教員になっていた。そういう背景があってこそ、弘法大師降誕会の開会の辞を務めたのかもしれないが、この一つをとってみても、「ほぼ信仰などにたずさわることなく、無我夢中に日を暮らし」、ただただ自由奔放、勝手気ままな生活を送っていたということにはならないと推測される。

文明開化の時代、小林にもその影響は当然あったし、好奇心が旺盛だったことは確かである。音羽の専修学林が豊山中学校となり、新しい校舎もでき、その第一学年生徒となった大橋伝尊が出会った小林は、「詩人タイプの美男子にて袴を長くカイゼル髭を生やした忘れ得ぬ姿」であった。[8] 伝統的世界の人々にしては、目立つ出で立ちだったに違いない。小林は好奇心旺盛な、いわば〝新しもの好き〟のところがあったようである。

後々まで彼は漢詩の名手として周囲に聞こえていた。それは雨引の専修学林以来のことであって、若い時には漢詩の先生に手ほどきを受けていたのである。彼が遷化した年には、立派な漢詩集が発行されている。それゆえ小林を漢詩人の達人と呼んだ人も少なくないが、当初は新体詩に大いに関心を持っていたとのことである。

「僕の三十何年か前、（友人が郷里へ戻るとき）、長い長い新体詩風のものを読んで送った。その頃は藤村（島崎藤村）や晩翠（土井晩翠）の新体詩調にかぶれていて、いろいろなものを作ったときであった[9]」

彼は新しい詩の形式に凝っていた時代もあったのである。このように、あれこれと関心が動き、その意味では「定まって」いなかったのが、若かりし頃の小林であると考えることができる。

二、「新仏教」の衝撃

神仏分離、廃仏毀釈と仏教への攻撃が起こった時代ではあったが、その嵐もやや落ち着いた明治十年代頃からは、仏教界の革新をめぐる動きが、伝統教団の内部と外部の双方から沸き起こってきた。数多くの団体やグループが教団内外に出てきて、さまざまな雑誌が発行されるようになった。小林正盛もまたそういう動きに敏感だったようである。

そうした団体のひとつに、「経緯会」があった。同会は、一八九四（明治二十七）年十二月に発会し、仏教界で新活動をめざすという趣旨であった。「自由討究の義を経にとし新修不息（休まず進んで修めるの意）の念を緯とする」という意図であった。一時は随分と暴れ回り、マムシのように嫌われていたという。小林正盛はその会の文書係をしていたと伝えられている。それが何年頃からか不明であるが、経緯会はあしかけ六年ほど続いたというから、おそらく小林が二十歳台に入ってまもなくの頃だと思う[10]。

その後、経緯会は解散し、その流れは一八九九（明治三二）年三月創立の「仏教清徒同志会」へとつながった。清徒とは、アメリカのピューリタンを模したものといわれる。さらに、その名称は「新仏教徒同志会」と改められた。その活動の中心は、月刊誌『新仏教』の発行と一年に何度かの講演会の開催であった。新仏教徒同志会は雑誌を通じて、明治中頃から都市部の青年インテリ層を対象に、伝統的固定的な「伝統仏教」を再検討し、近代日本における仏教の存在意義を訴えようとした。そのグループの中核を担ったのは、多くが寺院関係者や僧籍保持者であったが、雑誌出版と講演会を通じてその主張を明らかにしていった。

このグループは運動体ではなく、雑誌の発行部数も四〇〇部を下回る程度だった。しかしその主張は革新的であり、教団とは距離をおくものの、ターゲットは仏教界に影響を持つ人々、指導者層を見据えていた。この集団の中心には大学を卒業した仏教学者が中心にいたこと、主張が強烈で明確であったこと、などからその影響力は後世にまで及んだとい

う見解もある。(11)

『新仏教』第一巻第一号の発行は、一九〇〇（明治三十三）年七月一日であり、その時の編集委員は渡邊海旭（かいぎょく）（一八七二～一九三三）、加藤玄智（一八七三～一九六五）、田中治六（一八六九～不詳）、高島米峰（べいほう）（一八七五～一九四九）、安藤弘（一八七五～一九四九）、境野黄洋（さかいのこうよう）（一八七一～一九三三）、杉村楚人冠（そじんかん）（一八七二～一九四五）の七名であった。経緯会と新仏教徒同志会の同人はかなり連続している。『新仏教』は一九一五（大正四）年八月一日刊行の第一六巻第八号をもって廃刊となるのであるが、その間、小林正盛はエッセーというか論考の寄稿四十五回、私信欄への寄稿十一回を数えており、講演会講師は二十二回務めている。これは他の新仏教徒同志会の同人たちに比しても多い方であり、それだけ見ても小林と新仏教徒同志会の親密な関係を示しているといえる。(12)

雑誌『新仏教』は学術論文あり、エッセーあり、旅行記あり、漢詩や和歌の投稿欄あり、会員の近況報告あり、など内容は多岐にわたっているのであるが、基本的には仏教の現状を憂い、時代に即応した仏教のあり方を模索するというのが基本であった。

それは同誌第一巻第一号の巻頭に掲載された「我徒の宣言」のなかに明確に表現されている。筆者は明示されていないが、編集委員の境野黄洋といわれている。境野黄洋は真宗大谷派の僧侶であり、一九一八（大正七）年には東洋大学学長を務めている。では、その一部を紹介してみよう。

「我徒の宣言[13]」

人道の頽廃は、既に社会の根底に浸染し、物質的大潮は、澍湃（水がみなぎって逆巻くさま）として方に上下の間に氾濫す。いわんやこの暗黒を照破して、人生に慰安を与うべき、宗教の勢力は、年に月にいよいよ窘蹙（苦しみ縮むこと）せらるるものあらんとするをや。我徒もとよりこれが匡救（救うこと）に任ずるの才にあらずといえども、区区（小さな個々の）の志あにまた黙して退くに忍びんや。これ仏教清徒同志会の組織せられたる所以なり。

寺院あり、僧侶あり、読経し、説教す。幾万の信徒これを囲繞して随喜の涙を宏壮の殿堂に灑ぎ、渇仰の念を錦繡（色鮮やかな織物）の衣に致す。これをもし仏教の名を命ずべくんば、疑いもなくこれ朽腐せる習慣的旧仏教なり。木仏画像を拝することは知る。僧侶の前に詣して、その説法に耳を傾くることは知る。ひたすら各宗派の僻見（偏った見解）を固執して、互いに相下らざることは知る。よく唱名唱題を口にし、よく念珠経巻を手にすることは知る。しかも彼等はすでにおのれに信仰の生命を失えるにあらずや。もしかくの如きもなお強いて名づけて仏教というべくんば、疑いもなくこれ瀕死の形式的旧仏教なり。米相場に勝たんがために、不動を拝するものはあり、疾病平癒を祈らんがために稲荷の前に賽するものはあり、船舶の安全を龍神に乞うものはあり、一代の富貴を聖歓喜天に祈るものはあり、かれらは到底人生の本義本務を悟らんがために、誠実の情念いささかの動くものあるは思わざるなり、我徒は名づけてこれを迷信的旧仏教という。世の無常は教うべし、しかも人生活動の真味は説かざるなり、超自然の高尚幽遠はこれを示せり、しかも現世のもっとも楽しむべきは言わざるなり、未来の往生他土の得楽はこれを勧む、しかも人類の義務正義、人道の真価値はいまだはなはだ、これを顕わさざるなり、我徒はこれを名づけて厭世的旧仏教という。いわく八万四千の法門、いわく八十八使の見惑、八十一品の思惑、いわく塵沙惑、無明惑、いわく十四品の惑、四十二品の惑、いわく三十七品の道品、いわく五十二位の階級、挙ぐる所のこと、皆これ痴人の夢、独りその言ありて、その実際に施すに用なし、しかしてなおいわく、仏教の宏遠雄大なるすべてかくのごとしと、これあに空想的旧仏教の謂うにあらずや。我徒すでに標榜して新仏教という、そのこれら旧仏教に対するの態度は自ら明なり、新仏教徒は、当然旧仏教徒に反対す、けだし反対すというにあらず、かれらを迷妄から救わんと願うなり。……。

我徒は旧仏教に反対し、旧仏教の改革者と称するといえども、しかも決して旧仏教の破壊を専らとするものにあらずして、むしろ新仏教の建設者、鼓吹者なるのみ。……。（傍線の部分は、本文では点線で強調されている）

以上のような旧仏教への批判がつづき、後半部では六カ条からなる「仏教清徒同志会綱領」を発表している。

一、我徒は、仏教の健全なる信仰を根本義とす。
二、我徒は、健全なる信仰、智識、および道義を振作（振るい起こすこと）普及して、社会の根本的改善を力む。
三、我徒は、仏教およびその他の自由討究を主張する。
四、我徒は、一切迷信の勦絶（そうぜつ）（滅ぼし尽くすこと）を期す。
五、我徒は、従来の宗教的制度、および儀式を保持するの必要を認めず。
六、我徒は、すべて政治上の保証干渉をしりぞく。

「宣言」は最後に、以下のように結んでいる。

「我徒は実に謙遜にして、世人の指導教示にまたんとするもの極めて多く、広く友を十方に求むることはなはだ切なるものあり。想うに思想界の改革は、幾十百年の後において果たして免るべからざることを期し得べしとせば、我徒さいわいに一微滴を、大海の源泉に注ぐの効を収めるを得て足れりとせん、成を今に求むるがごときは、これ偉人のこと、我徒のいやしくも企つる所にあらざるなり」

以上の「我徒の宣言」のなかには、自分たちは「旧仏教の破壊を専らとするものにあらずして、むしろ新仏教の建設者、鼓吹者なるのみ」といったくだりもあるのだが、それに至るまでの文章の旧仏教否定が強烈であるので、旧仏教の世界では憤慨に近い思いを持った人々も多数いたことは間違いなく、ヨーロッパの最新仏教研究を体験した当時の一流学識経験者ですらつぎのように言っている(14)。

「新仏教の人々はしきりに従来の仏教のことを、旧仏教旧仏教と申しますが、そのように他を斥けて旧仏教というと、いかにも言葉に角が立つように思いますから、私は従来の仏教を、形式的仏教、または現在の仏教といい、新仏教の方を精神的仏教、または将来の仏教とでも申すほうが、至当であろうかと思います」

あえて過激な表現を用いることで自らの立場を宣明し、アジテーション的言辞を弄して社会へのインパクトを強めようと企てることは歴史的にみても改革者がしばしば採用する方法であり、その意図は理解できるが、この宣言がきわめて多くの「旧仏教」関係者に衝撃を与え、併せて憤慨の念を起こさしめたことは想像に難くない。小林の大親友である富田斅純（一八七六〜一九五五）によれば、

「小林君は新仏教徒として古川老川、渡邊海旭、境野黄洋、の故人、現存者としては高島米峰、杉村楚人冠君等と『仏教』（経緯会がつながりのあった雑誌）という雑誌に筆を揮い仏教の革新運動に従事して旧仏教を罵（ののし）っておった[15]」

といわれ、当時の小林正盛には、現に過激な言動もあったようである。しかし、小林正盛は宗派と深い関係にあった豊山中学校に専任教員として一九〇〇（明治三十三）年より勤めはじめ、同年、埼玉県児玉郡の善台寺住職に就任している。小林は自らが「信仰なぞにたずさわることもなく、無我夢中に日を暮らして、ついには三十年も過ぎ去ったのであった」と述懐しているが、仏教界とりわけ「旧仏教」と無縁の生活を送っていたわけではない。彼は四国遍路を一九〇七（明治四〇）年に行い、その時の体験記を一九三二（昭和七）

年に出版した。その冒頭で、心友から絶交宣言をうけたと告白している。おそらく明治三十九、四十年の出来事であろうと考えられる（本書第三章で詳述）。

それは新仏教徒同志会との問題ではなく、自宗内でのトラブルであるに違いない。というのは、小林は終生新仏教徒同志会の人々とは一定の距離は保ってはいたものの、以下にみるようにそれなりに安定した友好的関係を結んでいたように思えるからである。

小林正盛と新仏教徒同志会の関わりについて、ある研究者はつぎのような見解を示している。小林正盛の『新仏教』への寄稿は先に紹介したとおりかなりの数にのぼるのである。

「（小林正盛により）寄稿された文章は寄稿文や随筆的なもの、あるいは漢詩などが多い。逆に言えば論説的なものは少なく、他の同人たちと誌上で論争を行うこともなかった。十周年回顧号に寄せた「回顧十年夢の繰り言」において、新仏教徒同志会の運動と『新仏教』の趣旨は常に理解しているがけれども自らは「一兵卒たるに過ぎない」と述べており、謙遜があるとしても、少なくとも中心的な位置にはいなかったと自認していたことが窺える[16]」

『新仏教』は一九一〇（明治四十三）年に発刊十周年記念号を発行している。そのなかで小林正盛が「回顧十年夢の繰り言」と題するつぎのようなエッセーを寄稿している。

「当代の仏教には種々悪弊が伴って、赤裸々の仏教に帰りたいと心に思っているのである。……しかし自分は宗派の所属を離れて「新仏教」とまではならないのである。別に宗派某者が「新仏教」の精神を鼓吹するに差し支えないと信じたからである。すなわち旧仏教徒中にありて「新仏教」の精神をもって進みかつ行わば、これ自ら新仏教徒たるにおいて差し支えないものであると信じたからである。こう信じておったものの、やはり宗派そのものからは、「新仏教徒」ということがあるいは異端視されたものであった。元来が「新仏教徒」も実は青いところがあった、単に「新仏教」の意気を標榜するために、老年仏徒を漫罵嘲笑した、自分らもその一人であった。別に意志があって漫罵嘲笑したものでなくとも、悪感を招いたことは事実である。だが今にしてこれを思う、他人を漫罵嘲笑することは決して善いことではないが、それが忽ちに破壊的であると（指導的に認められず）評価されたものであるから、誤解もされた。……これのごとく、慷慨的態度をもって教界に処する時代は過ぎたのである」[17]

つまり小林正盛は、先の「我徒の宣言」にあげたような、激烈な態度をとらずに伝統仏教のなかにあっても、「「新仏教」の精神」をもって教団改革をする方向もあるといっているのである。

あるいは、新仏教徒同志会のリーダーの一人だった高島米峰は、のちに小林正盛を追悼してつぎのように述べている。

「新仏教運動を起こす時には、小林君は、会の幹部たることに躊躇したし、僕らも、強制することを遠慮した。しかし、客員と言ったような自由な立場で、時々雑誌に寄稿してくれたことがあったというくらいで、まァ、不即不離の関係を続けていた。しかし、個人としては新仏教の幹部連中には、すこぶる親しい交わりを続けていたのである[18]」

この高島の言葉が、小林正盛と新仏教徒同志会幹部との長年の関係を如実に物語っているように思える。高島がいう「すこぶる親しい交わり」の一例として、小林正盛のつぎのような文を上げて紹介しておきたい。新仏教徒同志会のリーダーの一人、境野黄洋の新居に招かれた時のことである[19]。

「家が出来たから来いという、前触れがいつの頃（明治四十四年）だったがあったが、延び延びになってしまったが、十二月十日にちょうど具合よく君（境野）の新しい駒込片町の新居を訪れた。会する者伝法院流伝授の阿闍梨というので、権田雷斧師が主賓で、末社は僕と、富田古堂（斅純）、柴崎漁火、主人とも総勢五人……、二階の一間に請じられて梅の花形に座を占めて、飲み出す、食い出す、笑い出して……無邪気な雑談でカラカラと笑い興ずる……「小林君は大分以前は貧相だったのがこの頃は風采が上がった」なぞ境野君がおだてかける……一老漢（権田のこと）、四青年イヤ四中年、相対して笑い興して議論もなく、愚痴もなく、アッハァ、アッハァで始まり、アッハァで終わった、こんな面白いことはなかった。……こんな面白い、いやみのない会合に出つかわしたのは、嬉しくてたまらない。境野君に対する交わりは今後も続くのである。……境野君はネバリ気のない温かい、浄い人だ、これはお世辞でもなんでもない、イヤミのある人は長く交わりが続くものではない、イヤミのない人は何十年たっても少しも変わりが無いところである。ああ今日は面白かった」

「自由討究」とは、新仏教徒同志会のモットーではあったが、新仏教徒同志会だけが標榜していたわけではなかった。

また「我徒の宣言」の文面から漂う雰囲気が、新仏教徒同志会の唯一の気質や独善的主張ではなかったであろう。あるいは新仏教徒同志会発足以降、時が経るにしたがって同会と周囲の人々の関係も次第に柔らかなものになっていったようである。誰とも親しく付き合う傾向にあった小林の性格もあったのか、当時の仏教者たちの人間関係のつながり方には多様な側面があったにちがいない。

実は、富田斅純は境野と同じ哲学館（現・東洋大学）出身である。富田自身、「当時、私も新仏教主張の一人である」といっており[20]、事実、富田は『新仏教』に十数回寄稿している[21]。ただし、小林正盛ほどどっぷりつかっていたわけではなさそうではある。

境野邸新築祝いの主賓だったという権田雷斧（一八四七～一九三四）は、近代真言宗豊山派の教相と事相の両面にわたる最高権威者といってもいい人物である。権田は既成の枠組みにはまり込まないようなスケールの人物ではあったようであるが、少なくとも境野黄洋のような新仏教徒同志会のいわば〝先鋭派〟と「相対して笑い興して議論もなく、愚痴もなく、アッハァ、アッハァで始まり、アッハァで終わ」るような関係を持つような人物とも思えないのであり、「我徒の宣言」の文面をみただけでは予測できないような人間関係が、新仏教徒同志会と他の仏教者たちの間には存在していたのではないかと想像する。

三、真言僧と新仏教徒同志会

大きな反響を呼んだであろう「我徒の宣言」に話を戻そう。それが普通の僧侶や檀信徒にどれだけの影響を与えたかは判断できない、というよりも、実質的に仏教のあり方、一般僧侶の行動や思想に大きな影響を与えたか否かは即断できないが、必ずしも広範囲に深く抜本的な影響を与えたとはいえないのではなかろうか。つまり、既成仏教教団の構造を根本的に変革したか否かという意味では、画期的な影響や成果を与えたとは言い難いかもしれない。

その理由はいくつか考えられる。まず、新仏教運動は哲学館を中心に仏教界の知識人たちによる運動であったからである。雑誌『新仏教』は月刊で発行部数四〇〇〇部だったと伝えられている。実質的な読者数はそれよりも少ないと考えることができるから、少なくとも大きな運動とはなり得なかった。つぎに雑誌『新仏教』には、社会主義者の堺利彦・幸徳秋水・木下尚江なども寄稿したりしていて、左傾傾向が見られ、そのことで発禁処分も受けており、政治的には保守的な考えが強い一般仏教者には受け入れ難い側面も持っていた。

また、江戸期から明治期へと時代は大きく変わったが、伝統仏教寺院のほとんどを支えていた先祖供養、死者祭祀という民衆仏教の基盤が時代とともに大きく変化したわけではなかったのである。つまり明治期になり、いっときを除いて、伝統仏教を支えていた基盤が大きく変化したわけではなかった。それゆえ一般僧侶の側にも強い危機感が生まれてこなかったと考えて差し支えない。

しかし、一番の原因は「我徒の宣言」の内容である。江戸時代に醸成され継承された伝統仏教を、「習慣的旧仏教」「形式的旧仏教」「迷信的旧仏教」「厭世的旧仏教」「空想的旧仏教」とレッテル化し、新時代に何の価値も無しとしたことが、多くの僧侶たちが新仏教徒同志会を忌み嫌うことになった原因であろう。

これは伝統仏教の全宗派に向けた批判であったはずであるが、五つのレッテルのなかでは、宗派によっては格別の関心を持つレッテルがあったに違いない。「厭世的旧仏教」では、浄土系の諸宗派が神経質になったであろう。真言僧・小林正盛にとっては、ご利益的信仰を批判する「迷信的旧仏教」のレッテルは大いに気になったことであろう。また「我徒の宣言」の後半に挙げられている「仏教清徒同志会綱領」にも、「我徒は、一切迷信の勦絶(そうぜつ)を期す」とあり、祈禱を旨とした真言宗僧侶にとっては、この点も新仏教徒同志会の同人たちと交流する場合には気になったことと思う。

実際に現代日本の真言宗系寺院約一万二〇〇〇カ寺においても、いわゆる加持祈禱のご利益信仰を寺院活動の中心においている寺院は圧倒的に少なく、多くは葬祭儀礼執行で寺院を維持している。ただし、正月期を中心に数多くの参拝客を呼ぶ真言宗寺院には著名な祈禱寺院が多い。宗教学的にいえば、神人合一をめざす神秘主義が即身成仏であるから、神秘的力の獲得そしてその効果という点で、真言宗がご利益を説くということになる。真言宗では加持祈禱が長らく布教の有力手段となってきたことは確かである。それを科学的見地からいえば「迷信」とする立場も存立しうる。他方、信ずる者もいる。しかし、新仏教徒同志会のような近代主義を標榜するグループにとっては、真言宗の加持祈禱が非科学的営みに見えたに違いない。

　小林正盛だけが新仏教徒同志会に関心を持った真言宗僧侶ではない。毛利柴庵（さいあん）（一八七一～一九三二）、融道玄（とおるどうげん）（一八七二～一九一八）[22]、古川流泉、和田性海（しょうかい）（一八七九～一九六二）らもまた、「新仏教」運動に関心を持った真言僧であった。密教学者の阿部貴子は、明治期における新仏教徒同志会の主張と真言宗僧侶および真言宗教団との微妙な関係について、『新仏教』と古義真言宗系の雑誌『六大新報』の記事を分析し、興味深い議論を紹介している。すなわち、明治期においては神智学が雑誌を通じて日本に紹介され、その結果、神秘主義への興味が高まり、日本の神秘主義的仏教への理解がつながっていき、新仏教徒同志会と真言僧侶との相互理解のプロセスがうまれてきた経過が論じられている[23]。

小林正盛は生涯、新仏教徒同志会の人々とおだやかな形で付き合っていたようである。彼らの主張がどこまで小林正盛の僧侶としての生涯に影響を与えたかについては、具体的に事実を指摘するというような形においては、明確に述べることはできないかもしれない。しかし、すでに「愉快な人間関係」と述べているように、陰に陽に影響を与えていたに違いない。『新仏教』廃刊後に新たに発行され、新仏教徒同志会の同窓会的役割を果たしたという雑誌『吾徒』の第三九号に、故人となった境野黄洋・大住嘯風・渡邊海旭の三人とともに追悼号を組んでもらっていることからも、小林と新仏教徒同志会の交流は十分意義があったということになるのではなかろうか[24]。

最後になるが、『新仏教』は第一六巻第八号（一九一五〈大正四〉年八月一日刊）をもって廃刊になるが、それについて当時の真言宗豊山派のトップリーダーの一人であった富田斅純が、つぎのように論評している。

「満十五年の齢を一期として雑誌『新仏教』が斃れた。……顧みるに十五年前といえば今より別に変わっていたとも思われぬようであるが、その実は思想界に大きな変遷があって、この十五年間に天地雲泥の差というようなことがある。世間一般のことはさて置き、吾人のごとく教団生活にあるもののこの十五年間について考えて見れば、吾人は二十年に『真言宗史綱』なる小冊子を著したことがある。その時には吾人の若い頃はあれだけのことを書くにも、密教の頑固阿闍梨の口伝からよほど隔たっているのだから、何となく頑固の阿闍梨にお目玉を喰らいはしないかと心配したものだ。いや事実実際当時吾人の質問することが時々阿闍梨の癇癪に障って、あんな奴は宗義の破壊者なぞといわれたものだ。それが十五年後になって『秘密辞林』（一九一一〈明治四十四〉年刊、加持世界社）を著す時になると思い切って秘密の解放をしたものだが、誰一人これに反対するものはない、皆吾人の事業を歓迎してくれた。……この秘密の庫も「時」という鍵で自然に開けるようになってきたのである。これは真言密教のみのことであるのでない、各宗各派が同じ経路を辿ってきたのであって、『新仏教』が十五年前に「吾等は宗教の自由討究を主張す」と旗幟を翻した時は、世人は晴天霹靂の感があったのである。宗教の自由討究そんなこととして教権の保持がどうして保たれよう、教団の信仰統一がどうして保たれようと、各方面から反対があったので、当時にあっては「新仏教主義」なるものは、教団側からいわゆる蛇蝎視せられたのである。……（しかし）仮に「新仏教主義」なるものがないとしたならば、教海が醒むることがなお幾年かおくれたかもしれない。この点だけは『新仏教』の大成功であると吾人

は信ずるのである」[25]　（傍線は星野）

冷静で論理的な文章を多く残している富田斅純であるが、この文章では珍しく激しい表現を使っており興味深い。富田は先の境野黄洋宅新築祝いにも招かれており、新仏教徒同志会の同人たちとそれなりに関係があったのであるが、富田斅純の彼らに対する評価は、当時の仏教界による平均的なもののひとつであるようにも思える。つまり、「旧仏教」のリーダーでもあった富田が新仏教徒同志会の歴史的インパクトを自分たちの教団にも一定範囲で認めているのである。

註

（1）小林正盛「予が地蔵信仰の由来と地蔵流し供養」（同著『延命地蔵尊のお話』一九三二年二月）、一四一～二頁。

（2）小林雨峯（正盛）「老母千賀夏子刀自の死と其の思い出」（小林正盛編『雪白山青九十年――順盛上人を偲びて』文具堂印刷所、一九三〇年）、四八～五八頁。

（3）千賀松圃「勝順盛上人遺品青銅の手あぶり」（『はつせ』第六二号、一九三二年十一月）、一〇頁。

（4）秋田實「雨峯小林正盛君を追悼す」（『はつせ』第一一八号「正盛大僧正追悼号」、一九三七年八月)、七〇〜七一頁。

(5) 小林正盛「病は是れ仏道に入るの門なり」(『はつせ』第七四号、一九三三年一月)、二頁。

(6) 小林正盛「坪内逍遥先生を憶う」(『はつせ』第九〇号、一九三五年三月)、一二〜一五頁。

(7) 大橋伝尊「大悲行願に精進せられし正盛大僧正」(『はつせ』第一一八号、一九三七年八月)、四〇頁。

(8) 同前。

(9) 小林雨峯「有閑漫録」十一(『はつせ』第五六号、一九三一年五月)、一三頁。

(10) 経緯翁「経緯会由来記」(『新仏教』第四巻第一一号、一九〇三年十一月)、八九二〜八九六頁。

(11) 参考文献としては、吉永進一編『近代日本における知識人宗教運動の言語空間——『新佛教』の思想史的・文化史的研究』(科学研究費報告書、二〇一二年)など。

(12) 高橋原「新仏教徒とは誰か」(同前書)、五二頁。

(13) 『新仏教』第一巻第一号、一九〇〇年七月、一〜五頁。

(14) 村上専精「仏教合同論」(『新仏教』第一巻第二号、一九〇〇年八月)、六三頁。

(15) 富田斅純「あゝ小林君」(『吾徒』第三九号、一九三七年七月)、二〇頁。

(16) 星野靖二「小林正盛」(吉永編前掲書『近代日本における知識人宗教運動の言語空間』)、三一五頁。

(17) 小林正盛「回顧十年夢の繰り言」(『新仏教』第一一巻第七号、一九一〇年七月)、九一五〜九一七頁。

(18) 高島米峰「小林雨峯君を悼む」(『吾徒』第三九号、一九三七年七月)、一八〜一九頁。

(19) 小林雨峯「境野君の新居を訪ねる記」(『新仏教』第一三巻第一号、一九一二年一月)、一二四〜一二五頁。
(20) 富田斅純「四国順礼を読む」(『遍路』第二巻第一〇号、一九三二年)、二〜三頁。
(21) 高橋前掲論文「新仏教徒とは誰か」、五八頁。
(22) 融道男『祖父　融道玄の生涯』(勁草書房　二〇一三年十二月)。
(23) 阿部貴子「真言僧侶たちの近代——明治末期の『新仏教』と『六大新報』から」(『現代密教』第二三号、二〇〇七年)、とくに三一五〜三二二頁。
(24) 『吾徒』第三九号(一九三七年七月)。
(25) 富田斅純「雑誌『新仏教』の廃刊に就きて所感」(『加持世界』第一五号第一〇巻、一九一五年八月)、一七〜一八頁。

第三章　四国遍路

一、出発

小林正盛の全人生において、一九〇七（明治四十）年が分水嶺に当たることはすでに指摘した。これは小林の周囲の親しい関係にあった人々も指摘しているし、小林本人もその年に起こった大きな変化を自ら認識している。

一九〇七年、小林正盛は四月に九州へ旅立ち、八月中旬に東京へ帰る。すでに埼玉の寺院住職であったし、豊山中学校の教諭もしていたのであるが、なぜこのような長期休暇を取ることができたのか、その間の事情はよくわからない。

一九〇七年四月十一日に東京駅を発つ。一人旅である。大阪から汽船に乗り、十四日に大分県臼杵（うすき）に到着した。臼杵は大分市の南隣りであり、東側は豊後水道に面している。小林が私淑していた山県玄浄ゆかりの寺院や山県の育てた信者たちを訪ねたりし、そのあと耶馬渓（やばけい）などにも回っている。

同年五月一日、興教大師覚鑁（かくばん）生誕の地である佐賀県鹿島に到着し、その生地がいまや一面の桑畑と麦畑になっている現状に落胆、落涙し、誕生院再興を決意する（第四章で詳述）。五月二十日、生涯の盟友である丹生屋（にゅうのや）隆道（一八七五～一九五八）[1]が住職を務める愛媛県松山の四国遍路第五十番札所繁多寺（はんだじ）に到着する。そして五月二十五日に丹生屋隆道と連れだって、二人で四国遍路に出発する。五十番札所から四十九番、四十八番と逆に巡るいわゆる「逆打ち」である。四国遍路に出ることが東京出発時からの予定であったか否かは不明であるが、以下に引用する小林の文章から、人間関係のもつれがあったことがうかがえる（詳細は不明）。そして八月十日に繁多寺に帰着する。小林がいう「風雨七十五日」の遍路旅であった。

実はこの九州、四国遍歴の間に実母の訃報に接している。連絡がすぐにとれず、死に目に会えなかっただけでなく、葬儀にも参列することができなかったという厳しい現実に遭遇することにもなった。小林にとっては波乱の一九〇七（明治四十）年であった。

ほとんどの遍路が順打ちで巡る。逆打ちだと「弘法大師に出会う」ともいわれるが、逆打ちの遍路道は険しいともいわれる。小林たち二人が逆打ちを選んだ理由はわからない。

遍路に出たいきさつは、小林正盛著『四国順礼』冒頭の「序に代えて」に述べられている。小林はつぎのように述べている。

「明治三十九年五月、布教のために私の不在中に埼玉県児玉郡神保原善台寺（小林の住職地）は近隣の飛び火で焼失したのであった。それでその跡始末から、再建の協議をして、その年のうちに、再建を果したが何となく慚愧の心に責められておった。次に東京における宗派内の醜き闘争から、自分の経営しておった『加持世界社』（出版社）の破綻、加うるに、徒弟峡雨の無始末から牽き起こされたる種々の事件等が煩悶懊悩の種を蒔いた。なおその際における私の懺悔の心は痛切に責められるものがあった。内面の自責のうちに何となく宗祖興教大師に対してすまないという感が深く刻されたので、ぜひ宗祖降誕の遺蹟を拝探したいと思ったのである。さらに私の心を打ったものがある。心友某から絶交の宣言を受けたことである。その間の問答をかいてみると、

某「僕は君を今日まで信用しておったが、君は信用できないから今後絶交する。」
私「なぜですか。」
某「僕は正直である。しかるに君は不正直である。僕は曲ったことは嫌いである。君は僕には正直に見えない。曲っているように疑われるからだ。」

私「あなたは全く正直であるというに、私を疑うというのはどういうわけですか。正直な人は他人を疑うものですか。疑慮と正直とは両立するものですか。」
某「そんなことはわからぬ。」
私「そうですか。それでは私はあなたに疑われて絶交されることはいたしかたありません。」

とあい別れた。そこでこの正直なる者ははたして、疑慮を抱くものなりや否やということを考えた。この正直と疑慮との判断に迷いだしたのである。これが少なからず私の九州下りを余儀なくさせられた内面の一つの原因でもあった[2]」

心友からの絶交宣言は、前後の詳しい脈絡はわからないが、東京を離れた最大の理由であることは確実である。つまり一世代前の表現でいうと、アイデンティティ・クライシスに陥ったということになる。

さらに母の死を知らせる電報が、九州各地を訪問中だった小林正盛を追いかけながら巡り巡って十八日目に繁多寺にいる小林に届いた。実母が亡くなったのは四月二十八日とのことであった。しかし電報が遅れて本人に届いたので、葬儀はすでに終わっていた。

「直ちに帰国しても不幸の子たることは免れないし、更に遅れて帰国しても、私たるもの何の言い訳にもならぬ。むしろ四国順礼を遂げて、罪障の懺悔と実母の菩提を弔うには如かずと思って、直ちに出発の用意に取りかかったのが、四国順礼の途につく発端である[3]」

母の死に対してなぜこのように考えたのか、なぜすぐ故郷に帰らなかったのかとも思うが、そのまま小林は遍路に旅立つ。遍路記の中でも小林は何度か亡母を思い出し涙にくれている。

小林が遍路の動機としてあげているいくつかの理由については、これ以上の具体的内容は不明である。

私は実は四国遍路の研究者であるので、四十年以上前から小林の著作『四国順礼』のことは承知していたし、その内容にも興味を持っていた。巡礼研究という見地と視点も踏まえながら、この『四国順礼』の意義・意味ということを考えてみるとつぎのようである。

一、現代でこそ、数え切れない数の遍路体験記やネット上の報告などが満ちあふれているが、明治期の遍路体験の文字化は類をみない。大変貴重な資料である。

二、筆者が有力な僧侶ということで、内容の信憑性が高い。
三、当時の四国遍路の様子が詳しくわかり、興味深い。

さらにこの『四国順礼』を読み活用する上で考えておかなければならないことは、原体験は一九〇七（明治四十）年であるのに、出版年は一九三二（昭和七）年であるという事実である。体験から出版まで二十五年間のブランクがある。このことについて筆者小林は何も触れていない。このブランクについては、つぎのようないくつかの可能性が考えられる。

一、出版年近くに原体験を思い出しながら原稿を書いた。
二、原体験最中ないし直後のまだ記憶が鮮明だったときに原稿の基本を書き、それを元に出版年近くに修正推敲した。
三、原体験は同行した友人と二人で共有したのであり、小林あるいは同行者である丹生屋隆道が克明にメモをとり、出版年近くに小林がそのメモに依拠して原稿を書いた。

原体験と出版年の乖離は、私は当初より気になっていた。というのは、私はかつて大正年間に四国遍路を行った二十四歳の女性の四国遍路体験を分析したことがあるからである。高群逸枝（たかむれいつえ）（一八九四～一九六四）という詩人であり、在野の女性史研究家でもあった女性の遍路体験である。高群は二十四歳の時に実行した四国遍路体験を当時の『熊本日日新聞』に毎日のように投稿した。そこには当時の四国遍路の具体相が細かく報告されている。当時の四国遍路での、多くの下層階級の人々が巡る様子が鮮明に描かれている。しかしその二十年後に出版された『四国遍路』には、そうした生々しい様子はほとんど触れられておらず、四国遍路は「平等の国、自由の国」とされ、理想化され抽象化された四国遍路讃美が其所此所に書かれている。まるで学校時代の部活での厳しくて辛い、時には肯定しがたい体験が、後年においては美化され、懐かしい思い出として理念されるようにである[4]。

　ところが小林正盛の遍路原体験と『四国順礼』で記述されている遍路体験には、高群の場合のような原体験と後の遍路観との間の乖離を見ることはほとんどない。これはなぜだろうと何度も小林正盛の本を読み返しているうちに、これは小林が遍路体験中にとった克明なメモを中心に書いたものではないか、あるいは遍路を終えて間もない時期に下原稿を書き上げ、それを二十五年後に出版したのではないかと考えるようになった。

　その理由は、先述したように小林は大変な健筆家であり、生前中に膨大な数の原稿を色々な所に寄稿しているし、通常でも一日一〇〇通ほどの手紙を書くことも稀ではなかったと伝えられていること、遍路中の身の回り品リストに日記が入っていること、(5) 文章から二十五年前を回想しながら書き綴ったという気配が感じられないこと、などからである。ただし、出版が二十五年も遅れたことの理由は定かではない。

二、明治期の四国遍路

『四国順礼』のサイズは現代で言えば四六判に近く、本文二六三頁である。本の口絵として写真が掲載されており、その口絵の冒頭に遍路姿の小林と丹生屋で撮った写真が載っている。出発にあたって写真館へ行ったのであろう。あとは四国八十八箇所の寺院の写真が十一頁にわたって各頁八カ寺ずつ掲載されている。出で立ちは着物の上に茶色の褊衫（衣の一種）、丸刈り頭、天台笠に檜木笠、草鞋脚絆を着して、背には納経簿、日記類の入った袋、手には錫杖という姿であった。つまり僧侶としての遍路姿で全行程を貫いた。

遍路姿の小林（左）と丹生屋（右）
（小林正盛『四国巡礼』〈中央仏教社、1932年〉より）

基本的には徒歩で通した。列車や車は使用しない。当時は鉄道の発展はきわめて貧弱なものであったし、バス・自動車はいまだ日本では一般人には利用されていなかった。しかし船は利用している、それも何回もある。恐らく、明治以前より船の使用は暗黙の了解であったに違いない。
宿泊は、遍路宿あるいは寺に宿泊している。寺での宿泊の際、他の遍路たちと同じ扱いを受けることもあったが、住職と知己である場合は当然ながらそれとは異なった扱いを受けた。七十五日間の道中で最も扱いのひどかった遍路宿の場合の一文をあげてみよう。

「泊めてやろう、こんなに遅くきちゃ飯もないが、何とかしてあげよう。と四十余りの倅(せがれ)を追いつかいて、ようやく膳立ての出来上りしを見れば、払い集めの残飯、プーンという小菜漬、たかがボクチン（木賃宿の意）の事、不足は言うほどにはあらねど、その汚らしさと、毒々しさとこねまぜて飯もろくろく喉にはいらず、われは眼をつぶって呑み下しぬ。……「お大師様は八十まで生きておって、おなくなりになる迄、日何回となく修行なされたに、今のぼうずは日々二度ずつの修行する（門付けすること）こともできやがらぬ」など、口汚く罵る声など聞こゆ[6]」

この宿が最低レベルであったかもしれないが、似かよった木賃宿に何度か宿泊している。

遍路出発当初は足の痛さを訴えたが、十二、十三日目頃からは足の痛みも消えて、毎日の歩行に差し支えはなくなった。現代の歩き遍路は、「食う、寝る、排泄する」が基本行動だというが、その大切さは当時も同様であったに違いない。この手の粗末な木賃宿泊まりは、行程中決して珍しい体験ではなかった。

また四国遍路はハンセン病患者たちが巡ったことで知られているが、この巡礼中でも何カ所かで小林たちが遭遇したことが記されている(7)。

二人が見物した珍しいものとしては、二十六番札所のある室戸での鯨解体の様子である。生々しく凄惨でもある。しかしこの描写は、当時の風物としては貴重な報告であると思う。

「……血潮にまみれたる漁夫等渋皮色のすねをあらわに、薙刀のごとき包丁をもってさくもの、菜切り包丁のごときものにて細切りとなす者、皮と肉と腸とを区別して、血だらけのやつを引きずり廻すもの、菰(こも)につつみて運ぶもの、菰に入れてになうもの、テンヤワンヤの状態一大戦争場の如し。されどもことごとく分業的に組織せられたる捕鯨業は実に見るからに凄く、各自の業務をとれり。もち去りて油を取るものは肉を細切りにしたるものを水桶に浸して油を取るなり。ただそれ臭気鼻をうって行脚僧の衣袂(いべい)鯨臭に襲われて実に閉口せざるをえざるなり。きく捕鯨船には一人ずつのノールウェー人乗組員おれり、銃殺のわざ彼の国人にあらずば邦人いまだよくするあたわざるなりと、凄惨無限の感に打たれたる予は、口に光明呪を唱えつつ、東岳（同行の丹生屋隆道）の袂を引いて急ぎ（二十五番の）津寺というに向かう」[8]

ふたりは解体場のすぐ近くで見物していたのであろう。当時の日本の伝統的漁労文化の一端が手際よく紹介されており、小林の文章も簡潔でわかりやすく、いわばインテリ遍路の巡礼記や遍路日記がもつ文化誌的意義が感じられるところである。

三、達観に至る

さて、小林正盛は何度か、巡礼を通して得た諦観というか宗教的境地、到達した心情というものを披瀝している。

「予は四国順拝中にこんな感じを得た。否、むしろ信仰に対する二種の観察をなしてみたいと思う。

一、自己の欲望を満たさんための祈禱をする信仰心。これを消極的の信仰と言わんとす。

二、自己の欲望に打ち勝たんがために希求する信仰心、これを積極的信仰と言わんとす。
現代の信仰界は第一に思想によりて凝結せるもの多く、後者は甚だ少なし。しかして、前者は仏教徒に多く後者は基督教徒に多からざるか。予が憂えとする所は第一の消極的人心の傾向を損んせずして、しかも根底ある宗教思想を鼓吹せんことは実に難中の難事にあらざるか。予はこの真骨頂を発揮せんには、かの教団即ち宗派の力、あるいはその命令なぞによりて行動するがごときは、決して真宗教の生命を発揮するものにあらず。さりとて予はあらゆる旧来の教理、あるいは儀式のごときを廃棄し去って、新しき模型を描きて行動せんとするにあらねど、予は革新は復古なりとの言に鑑み、自ら宗教家として内部生命の革新を期し、もって行動を自由にし、独立超然、根本的信仰の鼓吹を勉めんとするものなり。しかれども世もし、予が取るところの方法が今の信仰状態の維持に関して危険なりと憂い、あるいは仏教の滅亡を叫ぶの徒あらば、敢えてこれと争はざるべし。予はみずからの自覚せる運命を開拓せんと欲するのみ、他あらんや」(9)

この小林の言葉には、先に挙げた『新仏教』第一一巻第七号(一九一〇年七月一日)で紹介される小林と新仏教徒同志会の関係と同じようなニュアンスがある。反体制に身をすべて委ねるのではなく、体制内に留まりながら真の信仰を追い続けるという立場であろう。[10]

また、ひたすら歩く四国遍路で得た諦観のような心境についても記している。

「それから精神上の変化である。始めは丹生屋兄（同行者）なぞに対しても態度が何となく面白くなく思われたのが、土佐から漸々と無抵抗主義の実行ができてきて法悦の感に堪えられなくなってきたのは、幾重にも順礼のお陰、大師の霊徳と深く深く感謝するのである」[11]

こうした諦観は、現在の四国遍路体験でもしばしば多くの人々の日記やブログ等に見受けられるものである。[12]また『四国順礼』には、たびたび慈雲飲光（一七一八〜一八〇四）の弟子筋の寺へ立ち寄り、文献に出遭ったとして、徹夜をして書写したというような箇所まで見られる。雲伝神道は密教僧慈雲が再解釈した真言系神道の流派であり、小林正盛は慈雲および雲伝神道に大きな関心を持っており、書物もまとめている。[13]

彼は遍路に出発するにあたって、遅配された電報で実母の死去を知ったことは先に述べたとおりである。私が見る限り、この遍路旅で亡母のことに文が及んでいる箇所は決して多くないし、それも長文をもって母への思いを書き綴るということでもない。母を慕う文を書けば長くなると思うから、あえて略して書かないでおく、としている。しかし死に目に会えなかったことは小林には大きな痛手であったことは想像に難くない。

ある意味では、数々の出来事がおきた一九〇七年であったが、実母との別れは、その中でも他の出来事に比較できないほどの大きなことだったのではなかろうかと想像する。

註

(1) 服部光真「近代四国遍路の興隆と丹生屋隆道」(『四国八十八箇所霊場詳細調査報告書 第五〇番札所繁多寺』愛媛県教育委員会、二〇二四年、三四五〜三五二頁)。
(2) 小林正盛「序に代えて」(同著『四国順礼』中央仏教社、一九三二年)、三〜四頁。
(3) 同前。
(4) 原体験は、高群逸枝著、堀場清子校訂『娘巡礼記』(朝日新聞社、一九七九年)。二十年後の体験記としては、高群逸枝著『お遍路』(厚生閣、一九三八年)、および同著『遍路と人生』(厚生閣、一九三九年)。詳細は、拙著『四国遍路の宗教学的研究――その構造と近現代の展開』(法藏館、二〇〇一年)、二〇七〜二三三頁。
(5) 小林前掲書『四国順礼』、四〜五頁。
(6) 同前、一九頁。
(7) 同前、一八・九〇・一二四頁など。
(8) 同前、五〇頁。

(9) 同前、一二一〜一二二頁。
(10) 本書第二章、三七〜三八頁。
(11) 小林前掲書『四国順礼』、一五三頁。
(12) 拙論「現代歩き遍路の体験分析」(前掲拙著『四国遍路の宗教学的研究』所収)。
(13) 小林正盛編『雲伝神道』(雲伝神道講伝会、一九二六年)。

第四章　佐賀誕生院再興へ邁進

一、覚鑁誕生地への訪問

小林正盛が生涯で一番のエネルギーを賭して取り組んだ仕事といえば、それは興教大師覚鑁生誕の地に誕生院を再建したことに違いない。

興教大師覚鑁（一〇九五〜一一四三）は、空海入定後約四〇〇年後に衰微した高野山を復興した真言僧である。鳥羽上皇の支援を受け、高野山に大伝法院を建立し、伝法大会などの重要法会を復興した。『五輪九字明秘密釈』など日本仏教思想史上に大きなインパクトを与えた著作を残した。しかし既存の在山勢力との対立が激化し、和歌山県下の根来寺に居を移した。新義真言宗の祖とされる僧侶である。

まずは、一九〇七（明治四十）年初夏、初めて佐賀県鹿島市の興教大師覚鑁の誕生地に足を踏み入れたときの文章をみてみよう。

「(明治四十年)五月一日、興教大師の誕生地に踏み込むべき日とあいなり、心中無限の喜悦に撲たれ申し候(そうろう)……佐賀を出でたちて、武雄(たけお)と申す駅に入りたるは一日の正午ごろに候……(そのあと)しかして大師上人の誕生の遺跡は僅かの桑隴麦圃(桑畑と麦畑)、間に榛(はしばみ)の木の数株あるのみに候。誕生院の名のみ残りつつあると、いかにもゆかしき限りながら、その院の廃れたるはいつ頃なりしか、聞くに人なく、徴するに文書なく、さなきだに(「ただでさえ」の意)多感な小生は、実に涙禁ずべからざる、これあるに候。日の暮るる頃まで、この地を去りがたく……ただこれにて小生が特に感を引きしとは覚鑁上人の生誕地としては児童もよくこれを知りおれとも、上人が後来いかなる人となりしか、いかに御入寂なされしか、どこにて御入滅なされしや等につきては、何も知らざりし一事に御座候。元より名刹とては微しも好ませられざりし上人なれば、その故郷に置いて八百年の今日に至るまで、ほとんどその興教大師としての名すら知られず、ただ覚鑁さまとのみほか知られざるところ、ゆかしきと限りなく候が、末徒のものとしては何となく悲しまれ申し候。[1]……」

覚鑁を祀る小堂すらなく、ただ「覚鑁さま」という呼び名のみ知られているというその生地の有り様に、小林正盛は愕然としたのであった。さらに同年発行の同じ雑誌の別号では、つぎのようにいう。

「(明治四十年五月)二日朝起き、旅亭より八町ほど東南の方にあたりで誕生院の旧址を探る。麦隴離々(麦の丘が繁る様子)として他、また目に映ずるものなし、僅かに誕生院中興の法印輪海の墓碑五輪塔一基あるのみ、蕭々たる(寂しい様子)廃残の地、これを興教大師の誕生の遺址として見る。桑田碧海(桑田が海に変わるように、その移り変わりの激しい様)誰が今昔の感に堪えざらんや。かたわらに民家あり、入りて口碑の聞くべきものを尋ぬれば、小便塚(胞塚、つまりエナ。胎児を包む膜の意)、産湯の水、いずれもこのあたりなると聞く。小便塚は昨年取り毀ちて今またその影なし。……この地、昔時、蟬の鳴きて喧しかりしが、上人さらば鳴き止めしめんとて封じたりしかば、爾来はこの地蟬鳴かずなりぬとの興味ある話にいと興わき、大師の隠れたる力を□かになつかしう感じぬ。……隠れたる大師の力は、実にゆかしきものの潜めると思うを実に大師は誕生地にすら知られざるまでに知をつつしみたるなり、名をかくしたるなり……故郷に知られざるが如き、元よりその所のみ、われ今廃残の遺址に来って瞠目しばし七百年前の大師を懐う、大師は活躍して、かの一草一木の間、一水一石の間に現れたまうと見る。予が感懐実に言い難きものありき……。村民往々「覚鑁さま」の名をいうのみ、しかれども、その人となりに至りてはこれを知るものなし……この廃残の遺址に対して泣かざる得ざるものあり。……予末人として慚愧限りなきものあり……。

予の九州を去りし後、恩師大内青巒先生同鹿島村の講習会に臨まれ、遺蹟表彰のことを有志に説かれ、同地の仏教会員及び神官、有志、村長、銀行頭取鍋島子爵等いずれも非常なる奮発をもって土地を購入し、まず記念碑を建て、漸次規模拡張の挙なりて今やその緒につけりときく。新義の末徒たるものその智山と豊山を問わず西海の一隅をして大師の霊場としてその名に背かざるの偉観を備うるの計画を施したまわんと、予や諸氏の驥尾に付して敢えて奔走の労を取らんと欲するものなり、敢えて付記して諸氏に訴える(2)」

小林の覚鑁への追慕の念は痛々しいほどである。興教大師覚鑁生誕地の惨状に驚愕し涙にくれるものの、最後はその生誕地再興の決意を述べて、長文のエッセーを終えている。興教大師覚鑁を慕う小林正盛の熱い思いが鮮明に表れている文章であり、その後の誕生院再建への小林の決意が、一九〇七年の訪問で形成されたことがわかる。その再建計画の策定から実施、完成に至る道筋で小林正盛がつぎ込んだエネルギーと時間は膨大なものがある。なぜそれほどの精力を誕生院の再建にかけたのか、その点について、以下、小林の遺した文やエッセーを中心に探ってみたい。

ただし、小林正盛の活動を知るには、近代の日本仏教界あるいは真言宗全体について知る必要があるので、まずは明治期の日本仏教界を鳥瞰してみよう。

二、近代と新義真言宗

江戸時代において、仏教は幕府から厚い保護を受けていた。江戸期末期から国学者による仏教批判が次第に激しくなって、明治期になり新政府は神道を新生日本の中心的イデオロギーとして据えようとし、神道保護政策を施行し仏教から江戸期の特権を没収し、さらに弾圧を行った。一八六八（明治元）年、明治政府は神仏分離令を発令し、神道保護のもと仏教からさまざまな特権を剥奪した。それにともなって僧侶の還俗、寺院の破壊などが起こり、廃仏毀釈が神道家の指導のもと、全国各地で実施された。明治政府は宗教を国家管理のもとに再統合しようとして、仏教界にも再編成を迫った。

真言宗の場合、近世まで仁和寺、醍醐寺などの大本山がそれぞれ独立して多くの末寺を従え、宗教的にも経済的にも幕府庇護のもとにあったが、政府の介入により、合同真言宗を形成することになった。そのなかで、新義真言宗の流れを汲む豊山派と智山派は、真言宗新義派として連携することになった。新義派は広報的役割を担う『密嚴教報』（初刊は一八八九〈明治二十二〉年七月十二日、最終刊の二六二号は一九〇〇〈明治三十三〉年八月二十五日）を月刊誌として発行した。発行を担ったのは、東京護国寺を拠点にしていた「振教会」という組織であった。同会は新義派有志による根来寺の復興と布教の拡張を目指した組織で、一八八八（明治二十一）年結成された（『智山年表』）。『密嚴教報』は多彩な記事を掲載していたが、「録事」というセクションも設けて、新義派の公報的役割を果たさせたのである。

秀吉による天正年間（一五七三〜九二）の焼き討ちによる避難の際に、豊山派・智山派の二派がそれぞれ別行動をとって根来寺を後にしたのち、二派は四〇〇年間近く別宗団として時代を歩み、宗派として共同歩調をとることはなかったが、明治期に政府の指導という外圧によるものとはいえ、共通の広報誌を出版したことは二派にとっては画期的なことであった。この後も真言宗内では古義・新義合一派から各山独立派まで、賑やかな議論と動きが続く。ところが一八九六（明治二十九）年、有力宗派であった高野山と醍醐寺が独立の請願を真言宗長者に提出した。他方、若手を中心に分立・独立に反対し、あくまでもオール真言宗で進もうという活動も行われた[3]。一八九七（明治三十）年一月三十日には、古義新義の学生八十人あまりが集まって大親睦会が開かれたりした。しかし、大勢は分立を支持し、ついに一九〇〇（明治三十三）年八月九日には、内務省から六派の分離独立が許可された。六派とはすなわち、豊山派・智山派・高野派・御室派・大覚寺派・醍醐派である。

新義派を形成してきた豊山派と智山派は、根来寺に関して、豊山派・智山派管長が交代で住職を務めることとし、同寺は豊山派にも智山派にも属さない単立寺院の形態をとることになったが、太平洋戦争後、新規に宗教法人法が生まれ、根来寺は新たに生まれた新義真言宗の総本山となった。

明治期に入って新義派と名乗り、豊山派と智山派が一定範囲ではあったが同一宗派的行動をとるということは、一五八五（天正十三）年三月の豊臣軍の根来寺攻撃とそれに伴う専誉・玄宥の高野山への避難以来初めてのことだった。江戸時代を通じて長谷寺と智積院（ちしゃくいん）は、個別的問題については交流が行われたが、両派が同一宗派的意識を共有したり、一部ではあるが共同歩調をとることは、天正以来の歴史で初めてのことだったのではなかろうか。それでも古義・新義を通じて、各宗派各本山ごとの分離、独立が大方の意見だったと推測されるが、全真言宗統一の主張も根強いものがあったようだ。明治二十年代には学生たちによる新義合一の動きもあり、東京を中心に集会や講演会が行われた[4]。

実は小林正盛も新義合一に賛同する考えを持っており、その方向で行動していたと思われる。小林はのちに一九三〇（昭和五）年の真言宗系新聞に寄稿して、若かりし頃をつぎのように追憶している。

「明治三十四年（小林による三十三年の誤記か）に至りて真言宗は各派が独立して八（六?）本山となり、新義もまた智豊両派と分れた。この分派、独立問題の起る以前に、吾等は真言宗青年連合の運動なぞ随分、少年青年の純情を運んで、分離独立の運動に反対したものであった。然るに、この分離独立の反対運動に奔走した吾等はついに物の見事に分離派の威力に一蹴されてしまって、一たまりもなく、分離が決行された。昨日までの学友も同窓も、分離の前には、仇敵のごとき感が起こるに至った。当年の在東京古義の統一指導者連も、今日はもう、それぞれの地位に拠り、お大将株とあったためか、ほとんど、連合などには、顔向けどころか、ますます分離分離ぶりぶりとなってしまった傾向となってしまった。いな、古義というのではない、新義としても、智、豊、連合の学校「新義派大学林」の看板が撤廃されてからは、ほとんど、近頃に至っても、疎通を欠くよう、機運が馴致(じゅんち)（なれさせること）された。この分離独立の結果は、まったく真言宗の大勢なるものは、さらに一変した。おそらくは一度ばかりではあるまい、新義としても文壇（雑誌などを発刊する分野との意味）の方から見ても、『密嚴教報』は豊山で『加持世界』となり、智山では『智嶺新報』となってきた」[5]

ながらく大同団結か分離独立が模索され、侃々諤々（かんかんがくがく）の議論もなされていたが、一八九八年頃から分離独立派が一気に勢いを増し、いわばあっという間にそれぞれの道を歩むことになったのである。

小林正盛としては、まさに「新義派で合一」を夢みていたわけであり、興教大師覚鑁のもとで新義派合同の理想の思いが、一面麦畑・桑畑の佐賀県鹿島町の地に誕生院を再建することへ彼を邁進させたのであろうと思う。

つまり、誕生院のあり方を、豊山・智山両派の共同運営のような形であった根来寺大伝法院と同じようなスタイルで考えていたに違いない。

一五八五（天正十三）年三月の秀吉軍による根来寺焼き討ちに際して、豊山派の祖である専誉と智山派の祖である玄宥は、それぞれ自らのグループを率いて高野山に逃れるわけであるが、高野山での行き着いた所は別々であった。その後、両グループは別行動をとりつづけ、専誉は三年後に乞われて長谷寺に入寺し、豊山派の礎を築いた。他方、玄宥は京都へ上り、根来寺を離れて十六年後、京都に智積院を再建し、真言宗智山派の根拠を旗揚げした。専誉と玄宥の両グループは根来寺にいたときから、それぞれの能化を戴く能化二人制をとり、別集団を形成していた。根来を離れたときも両グループは別行動であった。根来寺の焼き討ちによって両者は長谷寺と智積院の両寺にそれぞれ根拠を持ったわけであるが、おそらく私の推測するところ、専誉グループと玄宥グループは再度同一の寺で起居を共にするということは考えていなかったのではないか。ある意味で根来寺の焼き討ちは、両派独立の良ききっかけではなかったのかと想像できる。江戸時代において、長谷寺と智積院の交流はさまざまあったようであるが、根来寺時代のように両派が共同で一寺院に合一するような動きがあったようには伝わっていない。その意味では、根来寺脱出、長谷寺と智積院への分立は、いわば結果的には「渡りに舟」ということではなかったかと推測される。つまり、約三〇〇年前に分かれ、それぞれが別々に居を構えてきたなかで、社会情勢が大転換したとはいえ、智山・豊山が新義派として合一するということが現実に達成されるということは戦国時代以降起こりえなかったことであり、それは夢であっても、現実に容易ならざることだったのである。それを追い求めたと推論できる小林正盛の思いと行動は、まさに「夢を追い続ける」小林正盛の真骨頂だったのではないか、と考える。彼は勝れて行動派であったので、その夢はある時点までは現実化されたのである。このあと、彼は心血を注いで誕生院の再建に奔走する。それに呼応して、誕生院再建の環境も急速に整っていくことになる。

小林が鹿島の誕生地を訪問し桑畑・麦畑の真ん中で、誕生院再建を誓った数カ月後、明治仏教界の大物であった大内青巒（せいらん）（一八四五〜一九一八）が鹿島仏教会の招きで鹿島を訪れる。この鹿島仏教会は、僧俗が混ざった会であったようである。その時に鹿島仏教会の人々が覚鑁という僧についてほとんど知らない様子だったので、大内は、「覚鑁は日本仏教史上極めて勝れた僧侶である」と鹿島の人々に説き、空海や法然、日蓮の誕生地に立派な寺院が建立されているように、鹿島に覚鑁誕生を記念する寺を建立すべしと強く説いたと言われる。大内はその趣旨を記したかなり長い文章を、『鹿島誕生院復興史』（以下、『復興史』とする）に寄稿している。[6] その文の中では、大内は真言宗も合わせて叱咤激励している。当時の仏教界の有力者のひとりである大内青巒の発言には、小林も大いに力づけられたし、地元鹿島の人々をも覚醒させるだけの力を持った言葉だった。

こうしたこともあって、地元では旧藩主鍋島子爵の協力を得て、急激に誕生院復興の計画が具体化していく。第一期工事は土地の取得、第二期工事は伽藍・境内整備とし、第一期は主に地元の負担、第二期工事は豊山派・智山派からの資金でという計画となった。しかし、その後この案は修正され、第一期、第二期、第三期と三期間にわたって、誕生院整備が行われることになった。第一期工事の落慶行事は一九一三（大正二）年十一月に挙行され、智豊両派から有力者の多くが出席、加えて地元名士多数、一般参拝者数千人という賑わいだった。

この前年、智豊両派が協同で誕生院を再建するということから、智山派宗務長・宮本隆範と豊山派宗務長・富田斅純が揃ってまだ手付かずの覚鑁誕生地を訪れた。富田斅純は、つぎのように日記に書き残している。

「十月二十日（大正元年）晴朝。早く本日は興教大師に御面会を申さんとて喜び勇んで起き、誕生院の方に向かって密厳院発露懺悔文を高唱す。その快言うべからず。御供物には米、果物、菓子、花、香、燈および水を用意しおりたるが、永田佐治郎君迎え来られたるば相携えて祐徳軌道会社に立ち寄り、御誕生の霊地に至る。十余町も歩みたりと思う程にその地に達せり。されどただ桑畑と水田あるのみ誕生院跡はここですと指られたとも、どこにて廻向して善きやそれすら判らず、何という桑に長き枝の桑を押し分け押し分け進みてようやく桑畑の一隅の輪海法印の五輪塔一基ある所にいず。そのそばには、かつて小林僧正の建てられた三寸角ほどの塔婆一本、雨に打れて字も爽かならぬものを見たり。よって持たせ行きたる毛布を土の上に敷き、その上に供物の膳を並べ、宮本宗務長と共に読経し、こい願わくばこの霊蹟を復興なさしめたまえと祈り終って井原君、助役、村会議員等に焼香せしむ。読経中まではただ呆然として別に悲哀の感じも急ならざりしが、いよいよ他人の焼香する時となりて、自分の張り込めたる思想が弛みしか、万感一時に湧き申し訳なしとの感、わが胸を裂くがごとく、強烈に起り身を震わしぬ。ああ七百年来の霊地をしてこのごとくならしめたるものは誰れの罪ぞや。徳川時代封建制度、鎖国主義の罪、ならびに明治維新の廃仏毀釈の思想もすこぶる力ありとはいえ、実に興教大師に相済まぬこととなり[7]」

富田の強い思いが溢れている文章である。しかし、智山派と豊山派と地元の三者連携による誕生院再建は、それぞれの組織体の事情も絡んで簡単に進んだとは言い難かったようである。豊山派の小林正盛提唱ということであったことも、最初から両派一体の二人三脚体制のスムーズな運営を困難にしていたようである。その中で、両派の協力体制の地ならしに尽力したのは、富田斅純であったことは確実である。

また地元の有志の協力体制も、発起人・賛助者に鍋島子爵をはじめ僧俗の有力者、地元新聞社などを迎えていたものの、地元の寺院関係者からは、大きな寺が新設されることで江戸時代以来の寺と檀家の配置関係、所属関係が脅かされるという懸念もだされたようである。そこで、新設後の誕生院は、法事・葬儀を行う檀家をもたないということになり、一九二〇（大正九）年の記録によれば、「檀家は有せず、信徒はわずか五百余戸」という状態だった[8]。

そのかわりに地元の人々は、一戸当たり米一升ずつを誕生院へ奉納する方策をとったようである。地元ではこれを、「一升ぬき」と呼んでいた。一九二八（昭和三）年十二月の報恩献穀祭の時の奉納は、玄米二十五俵、次米七俵半、白米八俵、餅米四升、麦一斗八升、豆類三斗五升、現金一七〇円三十銭となっている[9]。またさまざまな講を組織し、寺経済を安定化させようと歴代住職は努力するが、しかしいわゆる法務収入が不安定であったため、誕生院の経済は寺を確実に支え続けるほどではなかった。「草創の寺である。貫首として居住するには十分満足な生活的豊かさを得られない寺である」と記されている[10]。

三、境内の整備

第二世住職となった小林正盛は、自ら家族とともに誕生院に居住したが、それでもなお栃木県の彼の住職寺の給料をしばらく継続するということにしたという記録も残っている。戦前の誕生院はこのような経営上の問題を抜本的には解決することができなかったし、戦後に至っても保育園経営などによって誕生院を支えてきたという事実もある。ここに、ドリーマー小林正盛の理想と現実の葛藤が表れている。小林正盛が在世当時にその問題に気づいていないわけがないはずである。それでもなお、誕生院の維持・発展に努力を重ねていくところに熱情家小林正盛の真骨頂があり、そこが小林の魅力であるとも言える。

境内地獲得およびその整備を主眼とした第一期工事は大正期に進捗し、一九二三（大正十二）年十一月に、「誕生院復興第一期事業完成記念大祭」と題する法要が行われた。豊山派、智山派の両管長が揃って参列し、それ以外に両派宗務長（宗務総長）以下智山派四十四名、豊山派六十四名の僧侶が出席した。大きな宿泊施設があるわけではないので、両派の僧侶は近隣の家々に分宿した。この様子は、細部にわたって『復興史』に報告されている。当初第一期工事は地元負担ということであったが、決算報告によれば、智山豊山両宗務所より三〇〇〇円の交付金が出金されている。第一期工事の境内地購入および整備費は七〇〇〇円ほどで、これは地元の負担によって賄われたため、両宗派からの交付金は、主に祈念碑建立、事務所建設に使用された。

一九一七（大正六）年八月付けで文部省から誕生院寺号復興が認可され、同年十一月十五日にその奉告法要ならびに第二期工事の講堂建設のための地鎮祭を挙行している。その時も、豊山派、智山派両管長が法要を取り仕切っている。その時の地元井原喜代太郎による「鹿島誕生院復興に就て」という文章によれば、根来寺と同じように誕生院の住職も智山派、豊山派の管長が交代で務めること、誕生院を根来寺の末寺とすることが文部省の了解であったようである。そして井原は、智豊両派に分かれたのは徳川時代の初め頃であるが、かつての誕生院は「根来を根拠」としていると言っている。「この際智豊の両派もまた昔日に復りて統一せられ法風を天下に」知らしめてほしいと述べている。このように、地元の識者にも智山・豊山合同の希望があったことがわかる。(11)

次いで一九一八（大正七）年六月には、文部省に提出した「密嚴院誕生院寺法」が正式に認可された。そこには誕生院を智豊両派で協同維持すること、根来寺大伝法院の末寺で別格本山とすること、住職は智豊両派の教師が交代で務めること、などが記されている。

こうして整えられてきた誕生院の第一世住職には、一九一九（大正八）年七月、智山派の宮崎智全の就任が正式に決定された。

この規則上の整備と並行して、第二期工事の最大案件の誕生院講堂の設計施工が行われ、大正八年十月二十五日に講堂落慶法要が行われた。智豊両派の前管長、現管長を筆頭に智豊両派一〇〇名以上の僧侶が出席した。(12)第二期工事総予算約一万三〇〇〇円のうち、智豊両派で合計一万円を交付金として支出している。(13)豊山派では一九一一（明治四十四）年に総本山長谷寺の大講堂が火災で焼失し、再建の真っ最中であった。そのなかで一万円の半額にあたる五〇〇〇円を拠出することは容易ではなかったと推測される。

誕生院再建には一九〇七（明治四十）年の旧境内地発見から、小林正盛が終始イニシアティブをとってきたし、それを助けたのも友人の富田斅純であった。いわば、豊山派が主で智山派がそれに従うという経緯であった。そのため、誕生院第一世住職には小林正盛を推す向きも多かったが、智山派から第一世住職が選ばれた。これは、「小林君を偉大にしなかったのは私の罪だ」と題する富田斅純の追悼文に述べられている。これは、第一世を遠慮して智山派との協力を進めるべきだと富田斅純が小林に進言したという[14]。

小林は、病気で辞職した宮崎智全に代わり、一九二四（大正十三）年二月十二日に第二世住職となった。小林にしてみれば、待望の住職就任と心では思ったことであろう。小林は家族をつれて誕生院に起居することとし、精力的に智豊両派に対して誕生院護持を強く訴えた。また近隣への講演活動を積極的に行い、「誕生院興隆会」を組織化したほか、鹿島新四国巡礼、不動講、詠歌講などの近隣地区の信仰活動活性化にも精力的であった。一九二九（昭和四）年十月には、金堂の地鎮祭が挙行された。

ところが一九三〇（昭和五）年八月十二日、小林正盛が真言宗豊山派総本山長谷寺能化（住職）に栄転し、誕生院を去ることになった。翌年四月十八日に智山派の宗務長経験者の平澤照尊（一八七七〜一九四七）が第三代誕生院住職に就任したが、小林が長谷寺に転出してから新住職就任までいささか時間が経過しているところにも、誕生院の難しさが表れているのである。就任に当たって、平澤もまた「余は他に二三の重要な公務に兼摂しているがため、常に当院に居住出来ない」と明言している[15]。

整備計画のメインであった金堂建築は一九三三（昭和八）年夏に開始され、翌年十月に無事落慶式を迎えた。金堂建築費は四万五〇〇〇円となっており、智豊両派および所属寺院への勧募が行われた。宗派からの拠出金および傘下寺院の個別的寄付の明細は明らかでない。第一期および第二期工事の場合と異なり、第三期整備計画の最終的な収支決算書は『復興史』に記載が無く詳細は分からない。「宗派交付金」という名目で記載されている箇所が何箇所かあるが、「昭和〇年交付金」という科目になっており、毎年のことなのか、建築に特化した拠出金なのかなどの明細がわからない。

『復興史』は小林正盛が編者となっているが、同書の最後で、小林正盛はつぎのように述べている。

「病後の身心を駆って、多忙の間に財を集め、稿を起したこの『鹿島誕生院復興史』が、金堂落慶という大きな悦びの裡に擱筆（書き上げること）することが出来たことは感謝しなければならない。

そうして、この粗雑にさえ見えるであろう『復興史』の中から。すべての大事業は一人のなすところにあらず、万人の念願が凝り、選ばれたる幾人かの人々の手によって、機縁の成熟したところに果を結ぶものであることを、繊細にくみ取って貰いたい。……」[16]

「一九三四（昭和九）年九月十二日於志州御座村三生荘」

志州御座村三生荘というのは、小林正盛が患って長期に転地療養していた伊勢志摩の寓居である。

誕生院は戦時中もできる限りの宗教活動を続けていたが、誕生院から直線距離で十数キロの旧大村飛行場（現・長崎空港の隣接地にあり）には第二十一海軍航空廠があり、広大な土地に、航空機・エンジンの製造工場、補修工場、武器弾薬の補給廠が揃っていた。そのため戦時中は壮烈な空襲に見舞われ、軍の施設の一部が誕生院の講堂に避難し、寺は宗教活動を大幅に制限せざるを得ない状況であった。

平澤照尊は病のため一九四三（昭和十八）年七月に辞任し、豊山派の田中海応が第四世住職に就任した。田中は学人であったからか当時の状況を克明に記録しており、田中の自坊である千葉県徳蔵寺にその記録が保管されていた。その記録が戦後、誕生院に戻り、一部が活字化されたものが『発禁　鹿島誕生院史』に掲載されている。[17] しかし田中が記した原資料は諸般の事情で散逸しており、現在の誕生院には残されていない。田中は一九四六

（昭和二十一）年五月に一身上の都合で第四世住職を辞し、第五世住職に智山派の見田政照が就任した。

四、現在に至る誕生院

誕生院の歴代住職は、つぎの通りである。すなわち、第一世宮崎智全、第二世小林正盛、第三世平澤照尊、第四世田中海応、第五世見田政照、第六世玉川光蓮、第七世山口光仁、第八世山口光完（現住）と、誕生院復興以来、八代を数える。第三期工事の金堂落慶以降、復興の立役者であった小林正盛の長谷寺住職転出そして遷化、さらには日本をめぐる世界情勢の緊迫化が進み、誕生院も再建直後の勢いを失うことになり、一九四一（昭和十六）年の太平洋戦争開戦以降は、一層その厳しさを増した。

一九四五（昭和二十）年には本尊を近くの岩尾山洞窟に保護移転している。終戦後もGHQ（連合国軍最高司令官総司令部）による誕生院への厳しい捜査などもあり、すべての記録類は廃棄ないし焼却されてしまい、現在は古い記録は誕生院に一切残されていない。誕生院の混乱は戦後も一時期続き、雑草が境内にはびこるという状態もあったと伝えられている。ただし、戦争中は誕生院に軍隊が避難しているという情報が米軍には知られていなかったようで、伽藍等が焼失せずに現代まで残っていることは、奇跡でもありせめてもの幸いといえよう。

檀家を持っていないということが誕生院の経営の難しさであるのだが、一九五三（昭和二十八）年には保育園を開設し、現在もそれが誕生院および住職、寺族の基盤となっている。さらに平成期以降、若い力が誕生院の運営に加わり、檀家制度の弛み、多様化と同時にＩＣＴ（Information and Communication Technology）の発達、ＳＮＳの普及などもあり、新しい寺院のあり方も見えてくる気配もあり、寺院経営も多面化しつつある。加えて保育園、庫裏も建物が一新された。戦時中の爆撃で講堂・金堂・鐘楼が焼失しなかったことは奇跡に近いように思えるが、小林正盛らの努力が現在の誕生院存続につながっていることは、当時の関係者を安堵させることになっているように思う。現在の誕生院は、「新義真言宗大本山誕生院」が正式名称であり、どの宗派にも属さない単立寺院である。

註

（1）小林正盛「鎮西を歴遊して友なる某に与うる書」（『加持世界』第七巻第六号、一九〇七年六月）、四七〜四八頁。

（2）小林正盛「興教大師降誕の聖地に拝して所感を述ぶ」（『加持世界』第七巻第九号、一九〇七年九月)、一〜一一頁。
(3) 奥野真明「明治時代における真言宗智山派――『密嚴教報』に掲載される真言宗分離と合同について」(『現代密教』第一五号、二〇〇二年)、一六二頁以下。
(4) 同前、一六二頁。
(5) 小林正盛「真言宗文壇の回顧と大真言宗樹立に対する卑見(六大新報創立四〇年を祝して)」(『六大新報』第一三六八号、一九三〇年五月)、一〇〜一一頁。
(6) 小林正盛編『鹿島誕生院復興史』(誕生院興隆会発行、一九三四年)、一二二〜一二五頁。
(7) 同前、一二七〜一二八頁に引用されている。
(8) 同前、二七八頁。
(9) 同前、三九七〜三九八頁。
(10) 同前、五〇三頁。
(11) 同前、二〇九頁。
(12) 同前、二三九頁。
(13) 同前、二六一〜二六三頁。
(14) 富田斅純「小林君を偉大にしなかったのは私の罪だ」(『はつせ』第一一八号「正盛大僧正追悼号」、一九三七年八月)、三〇〜三二頁。
(15) 『復興史』、五一八〜五一九頁。
(16) 同前、五六七頁。
(17) 真言宗諸派連合卍教団高野山八葉閣編『発禁　鹿島誕生院史――昭和十八年〜二十一年代』(真言宗諸派連合卍教団高野山八葉閣、一九八六年四月)。ちなみに本タイトルの「発禁」は、戦後、ＧＨＱによって一時出版を禁ぜられたということから付されたようであるが、内容的にはそうした制限の必要性は読み取れない。

第五章　小林正盛の信仰実践
――阿字観、地蔵信仰、雨峯会、朝鮮開教――

一、阿字観

小林正盛はエネルギッシュに活動する宗教家だった。信仰の実践という面において、小林の中心的活動はなんであったろうか。まずは、阿字観の実修から触れてみたい。

密教学者である福田亮成は、「阿字観とは宇宙根源の仏・大日如来を象徴する阿字を観念し、阿字の一字に自身の根源を見る観法」と説明している。[1] 大日如来を表す梵字の阿字と修行者とが向き合いながら瞑想し、一体となることを目指す修行である。

小林正盛は生涯を通じて阿字観を推奨しているが、その最初の手ほどきを受けたのは、高野山光明院の山県玄浄（一八六六～一九〇三）であると語っている。

小林がまだ茨城県雨引にいた頃、雑誌を通して山県玄浄のことを知ったという。「この山県師の『六大活論』なぞはろくろくわからなかったが、大いに少年時代の自分をショックしたものである」と小林は述懐している[2]。

山県玄浄とはどのような人物だろうか。従軍僧を務めたりしたが、当時の高野山においては若年にもかかわらず目立つ存在だったようでもある。伊藤博文が高野山を訪問したことがあったが、その時に案内役を務めたのが山県だったという。両者はそれ以前からの知り合いだったとも言われているが、若い山県が案内役を務めたということは、その異能ぶりを証明しているのであろうか。

山県玄浄と阿字観法で特筆すべきことは、一九〇一（明治三十四）年、九州の大分県豊後臼杵興山寺に入り、そこで在家信者を会員とする阿字観実修の信者団体を作り、数千人の会員を集めて阿字観実修を行ったということである[3]。山県の薫陶を得た信者はさすがにいまや現存していないが、興山寺では今も阿字観修行を定期的に実修している。小林正盛も一九〇七年に臼杵を訪れ、そこの信者らと交流を図っている。

後年、小林正盛は次のように述懐している。

「予のごとき鈍漢も、一九〇六（明治三十九）年（一九〇三〈明治三十六〉年の誤記？）六月において我が山県玄浄師に、興教大師の阿字観に関する一大鉄案を加えらるるにあらずんば、予は決して、自覚、自醒の人となることを得ず滔々雑魚に伍し去りて、濁悪なる塵海の藻屑と消え去ったに違いない。この点において、実に山県玄浄師は予が第二の師範であり、あの時代に山県玄浄の如き異彩を放った巨人はなかったと思う」[4]

一九〇三（明治三十六）年の九月三十日、山県は三十八歳にして「脳病」再発のため夭折した。その時、小林は古義真言宗系の新聞『六大新報』に三回にわたって「山県玄浄師を弔う」という追悼文を書いている。その記事によれば、小林正盛は十歳台の雨引山修行中の頃から、山県玄浄が旧名の一柳玄浄を名乗っていた頃の新聞や雑誌記事を読んでいたという。

その後、先述したように山県は伊藤博文が高野山を訪問した時の案内を務め、その時の様子を得意満面に語り、伊藤に説法したというようなことを述べている記事を小林は読んで、山県の人間性はいかがなものかと思ったと記している。山県が死去した年の四月、小林は高野山の光明院を訪ね一泊した。二人は十分会話を楽しみ、山県への誤解も解けたと小林は言っている。同年六月、山県は上京して講演を行ったり、小林が教員を務める豊山中学校で講演をしたようである[5]。

しかし、小林正盛の阿字観への関心は、こうした山県玄浄との交流によってのみ喚起されたものではないと思われる。というのも、小林正盛は新義真言宗の祖である興教大師覚鑁の信奉者であり研究者であるから、小林と阿字観とのつながりは、興教大師への関心に始まるのかもしれない。なぜなら、興教大師と阿字観、月輪観との深いつながりがあるからである。[6]

小林正盛は阿字観を「密教禅」とも言い換え、広く実践をしていたと思う。しかし、本章後段で触れる地蔵信仰、地蔵流しの実践と比較すると、文献を見る限り、信者層を巻き込んでの幅広い実践活動を組織的に行っていたようには見えない。

小林正盛は、一九二七（昭和二）年に『秘密禅』と題する阿字観入門の書を仏教芸術社から出版している。同書はさらに一九三〇年に『健康禅』とタイトルを変更して京文社書店から出版され、一九三一年には三版を数えた。それなりに反響があったのであろう。さらに一九九二年に『秘密禅　阿字観用心口訣』として密教学者福田亮成の解説と、小林正盛の身内で仕事上の秘書役でもあった三国浄春（一九〇四〜七〇）作成の「小林正盛大僧正略歴」をそえて、渓水社から復刻されている。それらは基本的には内容に異同はない。小林はその緒言でつぎのように言っている。

「予は明治四十一年以来、真言の禅観、すなわち秘密禅、一名阿字観を修することによりて、自心を鍛錬し、健康無比の状となって、いかなる難事難局に遭遇しても、ほとんど動著することなきを得つつあるのも、実に秘密禅の賜である。……

ここにおいて、爾今、この種の解説をますます公にして、秘密禅は外観の秘密にあらず、内観の秘密である。ゆえにこれを味わえばますます広く、これを修すればいよいよ深く、これを社会人生に施せば、直ちに社会人生を浄化して、活曼荼羅を現成(げんじょう)し、おのおの自在無礙の真人となることができるのであることは、けっして疑うべからざることである[7]」

小林正盛は阿字観について、管見の限りでは、三つのエッセーを書いている。「試みに阿字観を論ず」(『仏教』第一六〇号、一九三〇年四月〈二葉憲香監修、赤松徹真・福嶋寛隆編集『『新仏教』論説集　補遺』〔永田文昌堂、一九七二年〕、一一三〇～一一三三頁に再録〉)と、「密教徒は第一義の修養として秘密を高調せよ」(『新興』九巻一〇号、一九二六年十月十二日)と、「阿字観の実修を勧む」(『はつせ』第一一〇号〈一九三六年十一月〉、二～五頁)の三点である。実際の阿字観実修と異なりそれらのエッセーの中で、文章がなかなか難解であることは残念であるものの、阿字観をコンパクトにまとめてつぎのように小林は言っている。

「静かに思う、わが肉体と思想を見るに、一は物質的であり、一は精神的である。そうしてまた、肉体の有形と思想の無形とがあい一致し、あい融合して外に現わるるものは言語である。この有形無形不二の相姿こそ、ここに一大神秘の宿れるものではないか。その神秘の言語を披い、その言語を凝縮したる一阿字を観じ来たる時、ここにわれと宇宙と一阿字と合致して、大不思議の妙用を喚起し来るものである(8)」

小林正盛が阿字観道場を頻繁に開設していた、あるいは常設していたといった痕跡は、私の探った資料からは見つけることができないが、彼が一般人にまで指導していたという情報をあちこちに見つけることはできる。その一端を紹介してみよう。たとえば、『はつせ』第六二号（一九三一年十一月、二三頁）には、高知の寺院の本堂で「三十余名の人々に阿字観を伝授、精神的収穫だった」という記事があり、その二年後再び高知を訪れた時、二年前に伝授を受けた信者がやってきて、修行の結果「阿字を感現する人さえ出た」という報が小林にもたらされ、小林は「実に感激せられて喜ばれた」と記している(9)。このようにして、随時、阿字観を伝授していたようである。もちろん、それ以外にも、個人的にはしばしば阿字観を実修していたであろうことは、先の引用文からも十分うかがうことができる。

二、地蔵信仰

小林正盛は、自分は観音・不動・地蔵の三尊を信仰していると言明している箇所もあるが、信者たちを巻き込んでの信仰活動は、地蔵信仰の実践であった。小林正盛の地蔵信仰については先行研究があるので、それを活用しながら論を進めていきたい[10]。

小林は、幼少の頃、入寺した先の古河町尊勝院の勝順盛から地蔵信仰の手ほどきを受け、小さな地蔵尊像もまた師僧から授与されたことから、自身の地蔵信仰が始まると述べている[11]。

先行研究によれば、地蔵信仰実践については、まず、地蔵菩薩像を各地に建立したり、地蔵菩薩像を制作して、友人知己へ贈呈した。地蔵尊像は七体七カ所に建立した。さらに自らの還暦と病気恢復を祝して、約一八センチの立像を鋳造し、配布した。

地蔵信仰実践の第二番目は、「地蔵流し」という行事である。これは小林によれば、江戸時代中期頃に篤信家の某氏が妻女の病気平癒を祈願し、隅田川に一寸三分の地蔵尊御影（みえ）を流してご利益を得たという伝えにその淵源を持つと説明されている。つまり地蔵尊の版木を作り紙に印刷し、それを川に流してもろもろの祈願や死者の慰霊をするという趣旨である。水の持つ宗教的浄化作用という民俗的心意と仏教の地蔵信仰が結びついたものと思われる。小林の地蔵流しはあとで見るように、時にはかなり大規模なものであったらしい。

その行事の大綱は、小林正盛が残した「地蔵流し供養の栞」[12]によれば、おおよそつぎの通りである。

五～六センチほどの地蔵尊像の印判を作り、それを像が収まるような紙に印刷する。その印札は、一万枚を一単位として作成するが、それ以上でも以下でもよい。お札は僧侶に開眼してもらい、奉流するところは海でも川でも湖でもよいが、なるべく大勢の人が参加することがよい。亡くなった人の追善の場合は、僧侶に読経してもらう。

『はつせ』誌によれば、一九三一（昭和六）年から三六年までの間で、十七カ所にて開催されたようである。その十七カ所とは、東京八カ所、大阪四カ所、後は愛媛（八幡浜）、愛知（日本ライン）、北海道（函館）、栃木県（足利）、奈良県（桜井）で各一回ずつである。東京と大阪で開催が多い理由は、こうした行事は不特定多数が対象になる傾向があるということであるかもしれないが、花火、芝居小屋が出たりして、たとえ地方開催の場合でも、数千人の参拝人が出たという報告もある。流された地蔵尊像の札数は、二十万体から八十万体、時には一〇〇万体以上という報告がなされている。この背景には、後に述べる雨峯会という組織の協力があったと報じられている[13]。

三、雨峯会

雨峯会とは、東京を中心に僧俗を問わず小林を慕い後援する人々の集まりである。雨峯とは小林正盛の雅号である。小林自身「雨峯」と「雨峰」の双方を適宜使用しているが、弟子たち、友人たちは「雨峯」が多いように思われるので、本書では雨峯をここまでも用いてきた。友人の田中海応（一八七八～一九六九）は、「（雨峯会には）軍人あり、教育家あり、政治家あり、音楽家あり、美術家あり、学者あり、商人あり、各地の僧侶あり、学生あり、男あり、女あり、老年あり、子供ありで、多種多様な人々が集まるを見ても、それがいかに普遍的抱擁性に富んでおられたかは容易に看取することができよう」と言っている。[14] 一時は会員数六〇〇名にも上ったという。[15] 小林正盛の人望の高さがうかがえる。

その雨峯会は、一九三一（昭和六）年三月に発足した。すなわち、小林が長谷寺能化に就任したあとに発足したものである。その趣意書には、つぎのようにある。ちなみに「雨峯」の由来は、小林の得度寺である茨城の雨引山楽法寺から取ったものであると言われている。

「雨峯　小林正盛先生、私達はこうお呼び申し上げたく思います。新義真言宗豊山派総本山長谷寺化主としてでなく、また大司教大僧正猊下としてでなく、はなはだ礼を失した申し上げ方かは存じませんが僧階も肩書も離れた本当に真裸の親しみ深い涙脆い、小林雨峯先生としてお近づきしておりたいのです。……

私たちは先生のごとき仏作仏行をなすことは難しいことでありますが、せめて先生の浄業に随喜翼賛して法恩の万分の一なりと報い奉らんとの念頭から別紙の清規により雨峯会を創立しました。何卒私達の微志のある所をご諒知のうえ進んでご加盟あらんことを懇願いたします[16]」

発起人は七名の真言宗豊山派の僧侶である。壮年期の僧侶が大半と言える。事務局を東京音羽の護国寺に置き、会の事業目標は、一、小林正盛僧正の信仰運動助成金贈呈、二、講演会・講習会・パンフレットその他必要なる事項、となっている。普通会員の会費は一口毎月十銭とうたっている。『はつせ』の次号には入会者の一覧表があるが、その総計は八十七名となっている。

雨峯会の発会式は、一九三一（昭和六）年九月に音羽護国寺月光殿にて開催された。入会者は同年八月末で六百余名に達したのである。発会式では、東京帝国大学教授や浅草寺貫主など、小林正盛の幅広い交友関係を象徴するような人々が祝辞を述べた[17]。

翌年には初めての雨峯会総会が開催され、また記録上初めて確認できる地方での雨峯会が群馬県の桐生で開かれた。続いて一九三二（昭和七）年には東京本部の集会のほか両毛支部、古河支部の集会のニュースが見える。茨城県、栃木県は小林正盛の地元であり、活動も盛んだったようである。一九三五（昭和十）年に小林正盛が脳溢血で本郷の加瀬病院に入院したときは、雨峯会主催の病気平癒祈禱会が開催された。そして病気平癒が成就し無事長谷寺に復帰する時には一七〇名ほどの出席者が集まって快気祝いが開催されている。

人好きであった小林正盛であるし、巡錫中でも宿屋に泊まらず信者宅に宿泊したように、積極的に老若男女を問わず人の輪に入っていった彼ならではの雨峯会であったのであろう。

四、朝鮮開教

小林正盛は朝鮮開教にも着手した。明治期中頃には、日本の仏教諸派はこぞって中国大陸・朝鮮・樺太など東アジア地域への伝道活動を開始した。それは、日清戦争（一八九四～九五）、日露戦争（一九〇四～〇五）後の国策にも合致するものであった。朝鮮半島への布教に限ってみると、韓国が浄土宗の開教区に定められたのが一八九八（明治三十一）年である。浄土真宗本願寺派が一九〇五（明治三十八）年に韓国に開教総監を設置した。一九四四（昭和十九）年時点で、朝鮮半島全体には四十九カ寺の本願寺派寺院があり、太平洋戦争終了時まで本願寺派布教拠点は朝鮮半島全体に一三二カ寺あった。真宗大谷派は、一八七七（明治十）年には韓国釜山での開教を開始している。曹洞宗では、一九〇五（明治三十八）年に釜山に寺院が建立されている。[18]ある研究者によると、大正期の朝鮮半島における日本仏教各派の寺院数・布教所数は表1のようである。「真言宗各派連合」の具体的内容が不明であるが、醍醐派と智山派以外は個別の真言宗系は表にはない。[19]

一時は全真言宗の合一を目指していた真言宗が、結局各派独立分派となったのが一九〇〇（明治三十三）年である。手元の資料によると、小林正盛は一九三八（昭和十三）年に朝鮮開教師に就任し、その翌年には朝鮮開教師長となっている。小林が開教師になった経緯は不明であるが、一九一七（大正六）年の『豊山派宗報』第二二号には、豊山派宗務所教学課による「朝鮮開教師」の募集広告記事が見えるから少なくとも大正期初めには、豊山派も朝鮮開教を開始していたことがわかる。豊山派の朝鮮開教についてはさらに資料が必要であるが、豊山派が京城（現・ソウル）に新願寺という新寺を建立するに至る経過は、手持ち資料によれば以下の通りである。ここから、この新寺建立に小林正盛が深く関わっていることがわかる。

表1　日本仏教各派の寺院数・布教所数の推移（大正８～13年）

		1919年	1920年	1921年	1922年	1923年	1924年
本願寺派	寺院数	14	15	15	18	18	19
	布教所数	43	47	52	53	52	54
大谷派	寺院数	2	2	2	2	2	3
	布教所数	42	44	44	46	44	48
浄土宗	寺院数	13	13	13	14	14	14
	布教所数	34	34	35	35	22	36
真言宗各派連合	寺院数	5	7	7	8	8	8
	布教所数	26	26	27	30	40	31
真言宗醍醐派恵院部	寺院数	1	1	1	1	1	2
	布教所数	2	2	2	2	5	12
真言宗智山派	寺院数	3	3	3	3	3	3
	布教所数	12	12	14	18	16	21
曹洞宗	寺院数	18	18	18	18	18	20
	布教所数	28	28	28	32	27	49
日蓮宗	寺院数	6	6	7	7	1	9
	布教所数	21	21	21	21	19	27
法華宗	寺院数	1	1	1	1	1	1
	布教所数						
合計	寺院数	63	67	68	73	68	80
	布教所数	226	236	237	263	249	303

①『最近朝鮮事情要覧』大正10年～12年、『朝鮮要覧』大正13年～15年（『資料集成』第二巻に収録）により作成。
②各年12月末の数字を示す。
③真言宗醍醐派恵印部は、1923年より真言宗醍醐派修験道と表記されている。
④設置数の少ない宗派は除外した。
出典：中西直樹『植民地朝鮮と日本仏教』（三人社、2013年）、151頁。なお、「合計」欄の数字は出典ママである。

一九二九（昭和四）年六月、釜山から朝鮮に入国した小林は、新仏教徒同志会時代以来の友人・杉村楚人冠に会い、さらに、新仏教徒同志会の前身ともいえる経緯会時代以来の友人・菊地謙譲（号は長風）に三十数年ぶりに邂逅した。菊地謙譲については、『新仏教』に掲載された経緯会関連のエッセーの中にその名が見える[20]。菊地は長らく朝鮮で生活していたようである。菊地は、李王朝の王族代々の慰霊所の建立を願って運動していた。その件でそれまで日本仏教界の有力者たちにその趣旨を説いて協力を仰いでいたが、なかなか前進しなかった。小林の来鮮を知り、菊地は小林にその建立に力を貸してくれるように直接依頼した。久しぶりの邂逅について、小林正盛の日誌にはつぎのように書かれている。

「六月十四日、長風君を三坂通りに訪ねる。快談数刻、新願寺の建立由来、および経過および今後の件につき談を聞く。しこうして予にその建立の大任を委任せらる。予はこれを宗派事業に移して必ず建立せんことを誓って別れる[21]」

宗務総長経験者で朝鮮開教師長である小林正盛であるからこうした誓いをしたのであろうが、いかにも小林らしい即断である。鹿島の誕生院再建に取りかかった時の小林の決断と情熱、そのあとの行動力を彷彿させるものがある。さらにここで指摘することができるのは、新仏教徒同志会との交流が小林においては、生涯続いたのではないかということである。先述したように経緯会はある意味では新仏教徒同志会の前身ともいえるグループであり、菊地謙譲の依頼をいとも簡単に即断したことは、その時の交流を小林が生涯大切にしていたことの表れであろう。

こうして小林正盛の発議で豊山派および長谷寺も朝鮮での新寺建立に後援することになった。さらに一九二九（昭和四）年には在朝鮮の日本人・近藤佐五郎から五〇〇〇坪の敷地の寄進を得て、京城郊外の牛耳洞（ウイドン）に長谷寺別院新願寺を建立することになった。牛耳洞は冬は寒さが厳しいものの春は桜の名所と言われた所だという。一九三〇（昭和五）年七月には新願寺発起人総会が開かれ、朝鮮側から十人、日本側から十人の新願寺常務委員が選ばれた。本尊は総本山長谷寺の十一面観音菩薩の分像が奉祀されることになった。伽藍と境内の新築、造成計画も立てられた。そのあと、境内地寄進者の近藤の死去などがあったが、十一面観音菩薩入仏式は一九三一（昭和六）年十二月五日に挙行された。ただし小林正盛はすでに長谷寺能化職にあったので時間が取れなかったのか、出席しなかったようである。[22]もちろん日本からも僧侶が派遣されたのであるが、その派遣された開教僧の記録によると、布教には現地語が堪能な者が是非必要ということで、小林にその旨を訴えたという記録もある。[23]事実、現地人を長谷寺まで呼んで僧階を取らせたという断片的記録もある。

海外布教は、豊山派に限らず、布教対象に関わる言語の問題が大きな課題である。ハワイ・北米・南米における日本仏教布教でも、対象が在留日本人か現地人かで使用言語が問題となった。朝鮮では多い時で七十万人の日本人が居住していたようで、布教対象をどこに焦点を合わせるかで、現地寺院の性格も異なってくる。朝鮮の日本仏教も、他宗派においても、現地日本人の拠点としての寺院が多かったようである。豊山派の新願寺も前記の通り、日本、朝鮮半々ずつの役員で発足しているが、資金的にも精神的にも日本人居住者や日本側からのサポートが主流だったのではないかと想像する。

一九三七（昭和十二）年の小林正盛遷化以降、京城の新願寺については、具体的な情報を持ち合わせていないし、太平洋戦争後は国情がまったく変わってしまったので、京城牛耳洞の旧新願寺跡もどのようになっているのか、資料が無い。今後の研究が大いに待たれるところである。

註

（1）福田亮成『真言宗小事典』（法藏館、一九八七年）、一八頁。

（2）小林正盛「真言宗文壇の回顧と大真言宗樹立に対する卑見——六大新報創立四十周年を祝し

て」（『六大新報』第一三六八号、一九三〇年五月）、九頁。

（3）寺河俊海『真言宗布教史』（高野山真言宗布教所、一九七〇年）、三六～三七頁、および、東野隆弘「近代における真言宗の阿字観実修に関して――中井龍瑞に着目して」（『宗教学論集』第三九号、駒沢宗教学研究会、二〇二〇年）、五八～五九頁。

（4）小林前掲「真言宗文壇の回顧と大真言宗樹立に対する卑見」、一三頁。

（5）小林正盛「山県玄浄師を弔う」（『六大新報』第一一号、一九〇三年十月、および、『同』第一二号、一九三六年十月、および、『同』第一四号、一九〇三年十一月）。

（6）入門書として、松﨑恵水『興教大師覚鑁上人伝』（真言宗豊山派、一九九〇年）がある。

（7）小林正盛『秘密禅　阿字観用心口訣』（渓水社、一九九二年）、七～九頁。

（8）小林正盛「阿字観の実修を勧む」（『はつせ』第一一〇号、一九三六年十一月）、五頁。

（9）『はつせ』第八六号（一九三二年十一月）、一三頁。

（10）市橋杲潤「小林正盛能化の伝道について――地蔵流しを中心にして」（『真言宗豊山派総合研究院紀要』第一七号、二〇一二年三月）、および、同「小林正盛の教化活動――地蔵信仰を中心にして」（『真言宗豊山派教化センター参考資料㉖　豊山の名僧』、二〇二三年五月）。

（11）小林正盛「地蔵流しのすすめ」（三国浄春編『雨峯上人心琴抄――雨峯小林正盛大僧正三十三回忌記念』足利市鶏足寺、一九六九年）、二一頁。

（12）小林正盛「地蔵流しのすすめ」（『はつせ』第六一号、一九三二年十月）。

（13）市橋前掲論文「小林正盛能化の伝道について」、一三六～一三九頁。

（14）田中海応「五つの姿」（『はつせ』第一一八号「正盛大僧正追悼号」、一九三七年八月）、一二一～一二三頁。

(15) 市橋前掲論文「小林正盛の教化活動」、八二頁。
(16) 『はつせ』第四二号(一九三二年三月)、二一～二二頁。
(17) 『はつせ』第四九号(一九三二年十月)、一七～二〇頁。
(18) 大谷栄一・吉永進一・近藤俊太郎編『増補改訂　近代仏教スタディーズ――仏教からみたもうひとつの近代』(法藏館、二〇二三年)、四八頁。
(19) 中西直樹『植民地朝鮮と日本仏教』(三人社、二〇一三年)、一五一頁。
(20) 経緯翁「経緯会由来記」(『新仏教』第四巻第一一号、一九〇三年十一月)、八九二～八九四頁。
(21) 小林正盛「再び朝鮮半島に入るの記(新寺建立を諾するまで)」(『豊山派宗報』第一五三号、一九二九年一月)、二八頁。
(22) 奥田月城「朝鮮長谷寺別院新願寺だより」(『はつせ』第四六号、一九三二年七月)、六～一三頁。
(23) 大橋伝尊「大悲行願に精進せられし正盛大僧正」(『はつせ』第一一八号「正盛大僧正追悼号」、一九三七年八月)、四二頁。

第六章　能化時代の活躍、病気そして遷化

一、能化の生活

小林正盛は一九三〇（昭和五）年八月十二日、総本山長谷寺第六十六代能化に就任した。そして一九三七（昭和十二）年六月十八日、総本山長谷寺慈冠堂（小書院）にて世寿六十二歳で遷化した。

先述の通り、教理上、能化は最上無二の宗教的救済能力を有しており、他の者は弟子を含めすべて所化（導かれる人）である。そして一度能化になった者は終身能化であり続ける。それゆえ能化は限り無く仏菩薩に近い存在ということになる。

能化の第一の仕事は、真言宗豊山派の法流を正しく所化らに伝授することであり、この伝授を授けることの資格は能化にしか無く、やむを得ない事情がある時に限り、集議と呼ばれる長老僧が能化の代理（「お手代わり」と呼ばれる）を勤めることができる。この法流

を授ける儀式を「伝法灌頂」と呼び、密教で最も重要な儀式である。豊山派では、現在毎年秋に行われている。

この法流伝授に次いで大切なことは、長谷寺山内外において所化を教導することであった。加えて長谷寺住職として長谷寺の主だった行事を主宰する、つまり法要の大導師を勤めることであると言えよう。小林が猊下であった昭和初期の長谷寺では、どのような行事が行われていたのだろうか。手際よく整理されたリストのようなものがあいにく見当たらないので、いくつかの資料を重ね合わせて列挙してみると、つぎのようになる。

長谷寺年中行事（昭和初期頃）

一月

一日　深夜　開帳法要

七日　修正会（以降一週間）

仁王会（以降一週間）

二十九日より二月四日まで　星供養祈禱

二月

五日　追儺会
八日　修二会（以降一週間）
十四日　だだおし

三月
十五日　涅槃会
二十一日　正御影供

四月
八日　釈尊降誕会
二十日　徳川家三代公回向

五月
二日　聖武天皇祥月命日忌
二十日　仁王会（以降五日間）

六月
十五日　弘法大師降誕会
十七日　興教大師降誕会

八月
十三〜十五日　御歴代墓参回向
十八日　曼荼羅回向　施餓鬼
　　開帳回向ならびに施餓鬼
二十四日　地蔵会

九月
二十一日　秋彼岸会（入りから明けまで七日間）

十二月
八〜十日　仏名会
十二日　陀羅尼会

三十一日深夜　閉帳法要

正月や二月はやや行事がたて込んでいるが、毎日、毎週のように行事が詰まっているわけではない。猊下に託された次の大きな仕事は、各地のお寺や檀信徒に各種のお授け等を行うこと、各地の末寺寺院や檀信徒を訪ねて教化を行うことであり、これを巡錫(じゅんしゃく)という。小林は好んで巡錫をしていたように思う。『はつせ』には「小林化主御消息」というコーナーがあるので、そこから精力的な訪問ぶりの一環を見てみたい。『はつせ』を紐解くと、巡錫の中心は茨城、栃木、そして東京であり、雨峯会の活動が活発な場所であることは確かである。

〈昭和七年五月〜六月にかけて〉

①五月二十三日。奈良興福寺へ。高楠順次郎博士ら、法隆寺貫主らと懇談。

②五月二十四日。長谷寺執事とともに上京。

③五月二十五日。東京で数人宅を訪ね、その後、古河の尊勝院に二十八日まで滞在。

④五月二十九日。上京、護国寺での雨峯会に出席。世田谷大空閣寺の戦没者追悼会に出席、その後、多摩川河原での地蔵流しの導師を勤める。

⑤五月三十日。田端の某寺の親族追悼法要に出席。午後は上野で雨峯会幹部と会食、夜には古河の尊勝院に赴く。
⑥五月三十一日。午後、栃木県小俣町鶏足寺訪問、自分の蔵書整理など。
⑦六月一日。夕刻より群馬県桐生市某氏宅を訪問、雨峯会員と懇談、夜には鶏足寺に帰山。
⑧六月二日。朝、鶏足寺出発、午後二時より古河小学校にて講演、夜は古河町内某氏宅で、初瀬講主催の町内有志の晩餐会に出席。古河出発、上京、音羽護国寺にて満蒙開教師澤田師と打合せ。
⑨六月三日。東京護国寺にて満蒙開拓のことで打合せ。
⑩六月四日。澤田開教師や長男小林正一氏、小野田執事らと東京駅から汽車にて大阪へ、大阪教会所にて一泊。
⑪六月五日。夕方、長谷寺に帰山[1]。

〈昭和九年一〇月～十一月〉

①十月二十二日。午後十時十一分大阪駅発特急「富士」にて出発。
②十月二十三日。午後零時佐賀駅到着、誕生院よりは三国浄春師ら出迎え。
③十月二十四日。午後、佐賀県誕生院に向かう。落成の金堂を拝し、平澤貫主と対面。そ

のあと、宿泊予定の某氏宅に到着。その後、金堂の本尊興教大師木像の開眼式に参加、午後十一時頃宿舎に帰還。

④十月二十五日。午前九時より金堂落成式。十一時より落成入仏慶讃法要。

⑤十月二十六日。朝より一同と記念撮影。十時より弘法大師一千百年御遠忌法要、十三時より近隣の寺々、祐徳稲荷に参拝。午後四時より嘉島町の料亭での歓迎会に出席。

⑥十月二十七日。歴代先師法要の大導師を勤める。午後は近隣の寺院等を参拝、訪問。

⑦十月二十八日。朝は揮毫にて過ごす。乞われて在家信者宅を訪れ回向し、供養を受ける。五時、誕生院有志との会食。

⑧十月二十九日。朝、鹿島を出発、別府に向かう。午後四時、別府着。在家友人宅に宿泊。

⑨十月三十日。別府見物、地獄巡り。午後、別府発の船で伊予に到着。

⑩十月三十一日。伊予長浜から上陸し八幡山に向かい、知人宅に宿泊。

⑪十一月一日。知人宅に建立された地蔵尊像を開眼。夜はご招待を受ける。

⑫十一月二日。自動車にて高知市安楽寺へ。仁淀川の山海の景観をたのしむ。夜七時頃、安楽寺に到着、泊まる。

⑬十一月三日。午後一時より安楽寺で弘法大師御遠忌法要。

⑭十一月四日。室戸町へ車で向かう。五時頃、西寺に到着。

⑮十一月五日。午前十時より御遠忌法要。天気に恵まれて多数の檀信徒参列。
⑯十一月六日。室戸岬を見物、暴風雨被害の痕が残る場所を通り過ぎる。そのまま高知市に戻り、二時より高知放送局にて講話を放送。夜は安楽寺で雨峯会の人々と交流。
⑰十一月七日。午前十時五十三分高知駅発の汽車で琴平に出て一泊。
⑱十一月八日。琴平宮に参拝。それより善通寺に向かい、住職に会う。善通寺市で泊まる。
⑲十一月九日。小林の生地出身の明治期国学者の事跡を調べ遺族に会う。
⑳十一月十日。長谷寺へ無事帰還。(2)
(小林の巡錫の様子を伝えることが本意なので、細かいこと、個人的な事情に関わる事柄などは削除し、全体を短縮した)

一九三二(昭和七)年の巡錫が十泊十一日の行程、一九三四(昭和九)年の巡錫が十九泊二十日の行程である。一九三四年は弘法大師御遠忌一千百年の正当年だから、長さもやや特別かもしれない。一九三二年と同規模程度の長さの巡錫は、在任中あと数回行っている。新幹線や飛行機を乗り継いでの巡錫ではないので、旅のペースとしては現代から考えると随分とのんびりしたものではあった。しかし当時の状況を考えると、それなりのハードスケジュールであったことは間違いない。さらに小林は、信者や友人宅に宿泊することを好んだようである。親友富田斅純につぎのような一文がある。追悼文の一部である。

「我が唯一無二の友小林君は、信者の何とかという宿に招待されたから其の所に泊るという。私はご馳走に預って御布施を頂いているであろうと想像していた。所が何ぞ図らん、御土産料として一封を差出す。その内容は宿料と御茶代を合わせたものであるし、こうして彼は其の晩は主人やおかみと宗教的雑談を長々と試み、あるいは揮毫を頼まれ、翌朝は仏壇の前に読経回向するのである。

宿屋に泊ったならば、のんびりとして休むことが大切であるのに、彼はそれを好まない。碌なほど睡眠も取れぬような時間潰しの家に泊って得々としている。こんな差引勘定に合わぬ話はない。

小林君は一たび自分の寺を出るや、それからそれへと転々として講演に法要に記念式に招かれて行く。あのように招待されたのでは、帰寺のときにはさぞかし沢山の御法礼物を御持帰りになるのであろうと思う。所がいつも持って出た旅程も御持帰りならぬ。彼は講演には土産料、法要には灯明料、記念式には寄付のみか、可憐な話を聞くとたちまち財布を空にしてしまう。……

彼にはまったく功利的な考えはない。打算を少しも知らぬ。世の中に清貧に安んずる語があるが、彼は貧と富との区別すら知らぬ。有ればあるほど、皆使ってしまう。しこうして無ければないで借りようとはしない。もちろん金に窮すれば何とかしてくれと言う。さりながら彼は借りた金も貰った金もさらに区別はない。こんな訳だから借りた金を返すなどということを心がけたことはない。……

小林君が生きているうちは、下らぬ男だ、馬鹿げたことをする、世間を知らぬ奴だ、無責任な態度だと思っていた。所が彼がいよいよ死んでみると、彼の通ってきた道は利害を超越した大道で、宗教家の通るべき道だったのだ、彼の態度は打算を無視した真に教化の方法だったのだ。つまり、彼は行住坐臥いつも宗教家として生活したのだ。[3]

……」

追悼文であるから、小林に対するそれなりの配慮忖度があるのではないか、ということが考えられないでもない。しかし、この富田斅純という人は、いまでも十分通用するのではないか、というようなクリアで論理的な文章を書く人であり、小林の唯一無二の親友と自ら公言しているので、そのまま受け取っていいのではないか。そして小林が金銭、物品などにまったく拘泥しなかった点は、他の人々も同じように証言している。

長谷寺での行事もなく、巡錫も行わず長谷寺山内に留まっていた時、小林は何をしていたのであろうか。

長谷寺在山の頃の小林について、侍者の小野田海尊（一九〇二～八〇）によるつぎの文章は、小林の性格もわかり、ざっくばらんで好感が持てるものである。小林正盛三十三回忌法要に際しての追悼文集に掲載されている。

「雨峯能化に侍者として仕えていた頃は、毎日何回となく叱られ、随分無理をいう方だと感じたのが第一であった。

お客を大切に取り扱うようにいつも注意されたが、この人をこれほどにも待遇しなくてもと思うようなこともたびたびあった。

毎日のご生活は、少しも運動らしい動きはなく、大講堂で朝暮、長い時間をかけて修法をされることと入浴だけが体を動かす活動で、そのほかは新聞雑誌や古い書籍や新刊書に眼を通されて倦むことがなかった。

時には書を揮毫し、絵を画き、漢詩や和歌、俳句をものにされたが、それもあくまでも心情を主として、しろうとの境地を楽しむ風であった。

ただ手紙だけはまめに書かれた。便りの返事は即時即決、ご自分で書いてまにあわぬときには三国師や故大竹・宮林師の手を借りて、毎日何通となく投函された。

侍者として、お側にいたときは、やかましい和尚だがよく仏さまは拝まれる方だ位にしか感じなかったが、ご遷化後三十三年、今日自分がそれ以上の年齢になってくるに従って、叱られたことや平常のご生活がいかに偉大で尊い行業であられたかを考え、おのれをかえりみてつくづくありがたさを感じている[4]」

二、長男正一の死去

能化という立場は少なくとも普通の人間ではない。宗教的には宗内に於いて唯一人高い立場にある存在である。その他の僧侶や檀信徒は所化と位置づけられ、能化とは質的にはまったく異なる存在である。それゆえ、単純化していえば能化は人間であって人間ではないということになる。しかし、実際にはそれを全うすることは容易ではない。善行をし尽くすということではなく、現世に生きている限り、この世の不幸や苦難から逃れることは不可能だからである。釈尊のいう苦の世界、つまり生老病死の世界を逃れることができない。病と死はたとえ猊下といえども抜け出ることができない。

小林正盛には男四人、女一人の計五人の子供がいた。その長男が小林正一（元盛）である。正一は一九一三（大正二）年生まれで、彼は幼少期、少年期は活発で優秀な子供であったが、十三歳の時、佐賀県の誕生院住職となった父に付き従って佐賀県の鹿島に移った。同地の小学校から中学校へ進学し、そこを修了した。十七歳頃から悩み多き青年となり、そのあと、東京への列車の中で服毒自殺未遂を起こす。多感な青年だったと考えられる。肺病を病み、そのあと、総本山に移った小林正盛とともに長谷寺に居住するようになり、同時に大正大学予科に入学する。外国語が得意で、英・独・仏はもちろんトルコ語、ペルシャ語さらにはエスペラント語にまで興味を進め、大正大学にエスペラント語研究会を作ったりする。しかしその頃に重い眼病を患い、大阪の病院に長期入院する。大正大学も退学し、長谷寺の塔頭梅心院にて、療養がてら父を助ける生活をする。病は根本的に良くなることがなかったが、父が御修法大阿を勤めた時は、梅心院にて父親の大阿満願を期して一心に般若心経や諸真言を念じ続けるというような側面を見せていたが、一九三五（昭和十）年二月八日、梅心院にて享年二十三歳にて逝去した。筆者は、父親小林正盛の心中をおもんばかり、ここで駄弁を弄することはあえて差し控えたいが、故小林正一については、その年に小林正盛の秘書役を務めていた三国浄春らによる二三〇頁あまりの追悼文集が発行されている(5)。

三、小林正盛自身の病気

小林は猊下在任中に八面六臂の活躍をした反面、たびたびの病に悩まされていた。友人の一人は追悼文のなかで、つぎのように述懐している。

「総本山長谷寺化主としての在職は、六年と八ヶ月になるようだが、申さば無病はただの一ヶ月で、その他は病気しつつ、化主の大任を完うせられたので、実に他人の追随を許さないことと思う[6]」

小林は長谷寺在山中、入院、転地療養を何度も経験した。それら以外にも短期間の療養はいくつかあったようだが、比較的その痕跡を明確にたどることのできる、在任中の三回の長期療養、転地療養、入院を追ってみると、つぎのようになる。

●一九三〇（昭和五）年長谷寺に能化として入山後、同年十一月頃からほぼ九十日間、長谷寺内で腎臓病にて臥床している（『はつせ』第一一八号、三六頁）。その時に血圧が一九

○にも上ったと記されており、のちに小林の生涯を終える致命傷となった脳溢血の兆候はこの時からあったことになる。この時の療養の様子は、『はつせ』第四三号（一九三一年四月）から『はつせ』第六〇号（一九三二年九月）まで十三回にわたって連載されているが、ここでは病状よりも四方山話が中心になっている。その後、健康に注意しながら過ごし、一年間を経て、すこぶる恢復した（「病は是れ仏道に入るの門なり」、『はつせ』第七四号、二～五頁、『はつせ』第一一八号、三七頁）。

●一九三三（昭和八）年一月より腎臓病を再発し、一～三月と臥床の人となる。同年四月、五月、六月と萎縮腎にて三重県志摩半島の御座村に転地療養する。ここは志摩最西端の僻地にて人情素朴な場所であり、滞在した寺は、臨済宗南禅寺派の潮音寺にて、真言宗の勤行を住職とは別々に毎朝行ったという。この村は漁村で豊富な海産物の獲れるところであった（『はつせ』第一一八号、三八頁）。しかし、前回の長谷寺での療養同様、高血圧症も小林のいまひとつの持病だったようである（『はつせ』第一一八号、五六頁）。ここでの療養記は「志摩半島より」と題して、『はつせ』第六八号（一九三三年五月号）から『はつせ』第七二号（一九三三年九月号）まで、五回にわたり掲載されている。その後、一時長谷寺に戻ったが酷暑を避けて再び同年七月三十一日より志摩に戻り、九月十七日に「ほとんど健康を回復されて、すこぶる元気で」長谷寺に帰山した。

●一九三五（昭和十）年六月、言語不明瞭、舌がもつれるといった症状が顕著で、文京区本郷の加瀬病院に入院加療となる。一時血圧が二三八という数値になり、極めて危険な状態だった。しかし入院治療の結果、同年八月三十一日に退院許可がおりた。この間の入院生活については、「お茶の水雑記」と題して『はつせ』第九四号（一九三五年七月）から『はつせ』第九八号（一九三五年十一月）までに連載されているが、一九三〇（昭和五）年の療養報告と一九三三（昭和八）年の療養報告と異なる点は、この「お茶の水雑記」が小林正盛の侍者によって書かれていることであり、その点でより正確な情報が記されているといえよう。退院後、一時、郷里古河町尊勝院に滞在したが、まもなく結城町曽我殿台という秋葉氏別邸に移り、同家の手厚い看護を受け、同年歳末近くまで静養、恢復に向かった（『はつせ』一一八号、七三〜七四頁）。

小林は『はつせ』第七四号（一九三三年十一月）に「病はこれ仏道に入るの門なり」というエッセーを発表している。エッセーの表題になった言葉は、かつて江戸時代の傑僧・慈雲飲光（一七一八〜一八〇四）が発したものであるが、このなかで、子供の頃はやや身体虚弱なところがあったものの、三十歳台になった頃から丈夫になり、東奔西走、精神的、身体的に大いに活動した。しかし、大正期末頃から風邪を引きやすくなり、長谷寺に入山してからは病床につくことも起きた。これは三十歳台になってからの食事の取り方の乱暴さにあると思い、腎臓病快癒のためにも、菜食主義を徹底し一日二食主義を励行し、慈雲尊者の教えを励行し、仏道に邁進することにした、と言明している。

しかし、小林の幼少時からの友人は、つぎのように語っている。

「病魔は大僧正の身辺にからみ纏って、放れようともしないが、大僧正はまた、一向に身辺に病魔を認めぬという有様で、いつもいつも人からでも尋ねられぬ限りは、病魔の身に潜めることさえ知らぬものであったのは、誰とて驚異を感ぜずにはいられなかった[7]」

つまり本人が病気を一向に気に留めなかったということである。「頭がふらふらする」と言いながら、友人や知己を訪ねて外出していたようであり、そこがエネルギッシュな熱い行動派であった彼の面目躍如たるところであるが、反面、その一種の無頓着さが彼の命を縮めたことは否定できないようだ。

四、小林正盛の遷化

小林正盛は一九三七（昭和十二）年五月二日に関東地方で最後の巡錫を終え、長谷寺に帰山した。相変わらず二〇〇以上の血圧で呂律がまわらないことはあったが大変元気であった。ところが六月十四日夜、寝室で休んだ小林の様子が異様なことから、医者を呼ぶが昏睡状態になり、駆けつけた医者より「手当をしたがもう遅い、脳溢血症が強く来た」と危機的状況を知らされた。直ちに各所に連絡をとり、友人、同僚らが長谷寺にはせ参じたが、倒れてから五日目の六月十八日午後六時十五分に遷化した。世寿六十二歳であった。

五月に帰山し、遷化した六月十八日から二十日の密葬儀と火葬、そして本山における本葬儀そして納骨儀に至るまで、その様子は、『はつせ』第一一八号「正盛大僧正追悼号」（一九三七年八月十七日）に極めて克明に報告されている。小林正盛については、他の点においても秘書、侍者が極めて詳細な報告を残しており、研究者には大変幸いである。あえてその詳細な報告をここで再度繰り返すことは必要がないと思われるので、本書の付録1をご覧いただくことにしたいと思う。それは、微に入り細に入ったものであり、反面、過度に感傷的になりすぎていないことも読者には受け入れやすくかつ貴重である。葬儀が盛大であったかどうかというような事のみを伝えるのではなく、小林を想う周囲の愛情と追憶の念に満ちた報告であると思う。

さらに付録2は、小林正盛に最も近かった富田斅純の追悼文である。富田は管見のかぎり、追悼文を三カ所に寄稿しているが、ここに収録したものは富田の小林に対する深い思いが最も鮮明に表されていると考えている。

註

（1）『はつせ』第五七号（一九三一年六月）、一七〜一八頁。
（2）『はつせ』第八六号（一九三四年十一月）、二一〜二三頁。
（3）富田斅純「宗教家の態度（小林君に就いて）」（『遍路』第七巻第七号「小林化主追悼号」）、一頁。
（4）小野田海尊「あとがき」（三国浄春編『雨峯上人心琴抄』雨峯小林正盛大僧正三十三回忌記念、大本山鶏足寺、一九六八年六月）、八六〜八七頁。
（5）編輯人服部魏・三国浄春『幻華』（発行人小林正盛、梅田芳三商店印刷部印刷、一九三五年五月）。
（6）千賀覚次「小林大僧正追憶の辞」（『はつせ』第一一八号「正盛大僧正追悼号」、一九三七年八月）、七三頁。
（7）同前、七四頁。

付録1　「正盛大僧正の遷化と宗葬式まで」

本稿は、長谷寺教宣誌『はつせ』第一一八号「正盛大僧正追悼号」のうち、一〇〇頁から一一四頁にわたって掲載された「正盛大僧正の遷化と宗葬式まで」を翻刻したものである。克明な報告であり、付録とはいえ、本文の一部として読んでいただきたい。

正盛大僧正の遷化と宗葬式まで

化主小林正盛大僧正は五月二日関東地方の御巡錫から帰山されてよりは一層御機嫌だつた。

血圧が二百以上あつたのも、多少呂律が廻らなかつたのも初瀬町の杉本医師が日生病院の長尾博士の指図に依る注射で漸次平常に復しつゝあつた。五月の所謂牡丹期には努めて信者講社の登山者に御挨拶に出られた。揮毫も五六枚の半切、色紙位は必ず毎日染筆されて居た。

この分なら観音会の大事業の目鼻のつくまでは大丈夫御機嫌で御指導されるだらうと長谷寺山内一同愁眉を開いて期待して居つたのであつた。

所が、五月中旬から観音会に関連して山内にも又宗内にも化主猊下を中心とする暗雲が巻き起つた。それは化主猊下の御身辺に関することではなく、お互に長谷寺の将来を憂慮する見界（ママ）（解？）の相違に外ならないことではあつたが、化主猊下はその問題に対しては側目にも御気の毒な程苦慮せられた。そして御相談相手として親友の山口永隆僧正を電報で千葉から招かれたのである。山口僧正より六月十五日に登山するとの返電があつたが、化主猊下は、それを鶴首して待たれた。

そして六月十四日になつた。この日朝より曇天で時々ばら〳〵と雨さえ落ちて来た。猊下には午前より例の通り御揮毫、いつにもなく二十枚程も御元気で書された。

――大分威勢のよい字が出来る様になつた。これも俺が丈夫になつたしるしかな――と、侍者の山中敬盛師を顧り見られて子供の様にニコニコと嬉し相に微笑された。

夕刻、東京の鬘華居士籾山半三郎氏が突然登山された。猊下は大層感激されて、

――猊下は御疲れでせうから明朝拝顔致しませう――と遠慮される籾山氏を無理に引接され、阿字観のこと、密教の普遍化のことなど談論風発、籾山氏に一言も発言させぬ程、快活に談話された。籾山氏は猊下の御疲れの程を察せられて五十分程にして辞して表書院

に戻られた。

次いで、恰度塔中月輪院で奈良支所下寺院の講習会で来山中の壺阪寺の常盤快雅僧正が御機嫌伺ひに来られたのを直ちに招かれて、講習員に阿字観を伝授される件を直接に御相談になられた。

常盤僧正が帰られて後、猊下には御手紙を一本書かれて御床に就かれた。午後九時頃であつたろう。暫くして次の控部屋で勉強して居た侍者の小川榮盛が猊下の唸声を聞いたので、――お寒いのであらうか――とお訊ねしたが御返事がない、既に昏睡状態に陥られてゐる。

――能化様が大変です――との声で山内の者が続々集つて来る。杉本医師が馳せ付ける。手当をしたがもう遅い脳溢血症の再発が強く来たとのこと。法弟の筆頭、栃木県鶏足寺の伊藤周盛師へ第一に打電する。十五日未明に關和寂盛師大阪に赴き、日生病院の長尾博士の来診を依頼し、又、恰度八十八ヶ霊所南海電車出開扉の為に来阪中の猊下の旧友丹生屋隆道僧正にも急を告げる。

山内にはその間に杉本医師は勿論、桜井町の吉岡桜井病院長の来診あり、一方猊下の親友知己、親戚、又本山関係の宗内公職員に猊下の危篤を打電する。午後三時長尾博士の来診あり、猊下は依然昏睡状態を続けらる。

十五日かねて猊下が招電を発して置かれた山口永隆僧正が来山されたが、用件は達せられず御病気見舞となつて仕舞はれた。

十五日夕刻より十六日にかけて前管長富田斅純大僧正、佐々木護国寺貫主、中村林盛僧正代理信盛師、東京雨峯会代表田島隆純師、佐賀県鹿島誕生院興隆会代表勝屋鹿島町長、理事吉田梅太郎氏等外弟子法類親戚等続々と登山されて来た。

十七日　杉本主治医は注射の効力も漸次に弱まつて行くから今日の午後が危険だと言ふ。枕頭には富田猊下を始めとし、前記の方々の外平岡全教、荒木良仙、丹生屋隆道、常盤快雅の各僧正や山内一同が侍して慈救の咒を誦して居つたが、猊下には青木執事が左手に掛けてあげた念珠を皆の誦する真言に合せるかの様にして平常の様に繰られたのであつた。多少意識が回復されたかと疑はしめたが、矢張り昏睡状態である。そしてその夜の危険期も突破されて十八日に持ち越された。

十八日　観世音菩薩の御縁日である大泊瀬、小泊瀬の山々に雲深くたれて降りみ降らずみの天気だ。見舞の人々山内一同慈冠堂即ち化主猊下御住坊の小書院の枕頭に集つて慈救咒を合唱して居る。

午後六時、初夏の六時は日暮れにはまだ遠い、眠るが如く安らかに昏睡状態に陥つて居る猊下の呼吸は時々間を置く様になる。愈々臨終が近づいたのだ。看護婦の岡田武子さんより渡された脱脂綿に末期の水をふくませて猊下の口を湿す、皆涙ながらに次から次と口を湿してはお別れをする。

慈救咒の合唱の声は一き(ママ)は高い。猊下の友人、知己、門下生、弟子法類、親戚、信者は全国に万を以て数へる程ある。猊下の臨終には誰も彼も皆お会ひしたいと熱望されて居るだらう。けれど、それは言ふべくして不可能な事だ。然し今枕頭に侍して居る者は富田猊下を始め、旧友も、法類も、親戚も門下生も、まずその代表が全部集まつて居ると言つていい。

勝順盛上人より相承されて猊下が捧持して居た不動明王の御手より引かれた引接の五色の線が合掌されて居る猊下の手に渡される。

猊下の呼吸は二、三回強く息を吐き出されたかと思ふと、がつくりと止まる。

――いよ〳〵御臨終です――

佐々木、丹生屋両僧正が沈痛な低い声で一同へ告げられる。

――六時十五分――　杉本主治医が時計を見る。

と、同時にワツと声を挙げて泣き叫ぶ法類、遺族の女子供等の悲涙に忽ち今迄の静寂は破られる。

――香炉を、蠟燭を――と富田猊下は静かに指図されたが、やがて、

メヤウ、ビルシャナー
と理趣経の経頭をとられる。理趣経一巻、それに化主猊下平常御信仰の不動観音、地蔵の三尊の真言を一同で読誦する。
夕陽将に没せんとし、淡闇は部屋を包んで来た。
——度す可き所の者は皆己に度し訖つて沙羅双樹の間に於て将に涅槃に入りたまわんとす。是の時中夜寂然として声無し——と遺教経にある釈迦牟尼世尊の御入滅の様子もこんな風ではなかつたかと想像して、悲しみと言ふより実に尊く拝したのであつた。

×

読経終わつて四百通に近い遷化の通知の電報を午後八時迄に打つ。

午後八時より山内塔頭寺院住職会議平岡和上より化主遷化に関し古例に付いてお話あり。

密葬は御住坊で行ふ事（古くは鳳梧院に即夜遺骸を移して、同院に於て行つた由）

導師は別に立てず原則として事務長が導師をする事。

密葬後直ちに長谷寺専用の火葬場に於て荼毘に付す事。

等々であつた。それに依り十八日十九日両夜通夜読経をなし二十日午後二時より密葬執行と決した。

富田猊下を始め一同密葬まで御滞在される由なので、密葬の導師を特に富田猊下に御願ひした。

十九日　午後法隆寺貫主佐伯定胤大僧正が御焼香に御登山され、小林猊下と御生前御約束の詩文集の題字の色紙を御持参されて涙と共に読経された。

二十日　連日の曇天も今日はまつたく晴れ渡つて本格的な暑い日である。宗務長清水教譽僧正始め、本山評議員集議近県の宗務支所長等の公職員は勿論、末派各寺院、それに宗外よりは智山派管長齋藤隆現大僧正が自から御焼香に御来山されて悼詩を誦された。其他各宗本山門跡代表等僧侶だけで百余名、他に信者初瀬町内の焼香者等を加へると小書院には入りきらず外まであふれ出て居つた。

霊棺は小書院に北面して、密具と各方面よりの供物（別記す）とで見事に荘厳された。

定刻午後二時富田大僧正登壇不動法を修され、
一、奠供
一、理趣経
一、後讃
一、光明真言
一、回向
の順序で、しめやかに読経された。

経が終つて午後三時、霊棺は大玄関より、ささやかな行列で静かに火葬場に向ふ。霊棺に中雀門を出て大手より柳の庫の前から本願院の下を登り、大師堂の側にて一同別れの焼香をなし、本長谷寺前の石段を登つて納骨堂前より菩提院に向ひ、入口の所から初瀬町共同墓地の間を通つて山にかかり火葬場に至るのである。

火葬場と言つても、山腹の杉と雑木と竹藪との間にあり、極く簡単な屋根と泥壁の掘立小屋で、内には石で積上げた長方形の穴があるばかりで、その穴に四十貫ほど薪を積み石油をかけて、その上に棺を置いて原始的に火葬するのである。

小林化主の霊棺は火葬場に着すると一同読経し、やがて遺弟の手に依つて火が点ぜられた。

×

密葬後、本山評議員及び東京方面の意向など伺つて打合せした結果三七日の七月八日に本山葬にて本葬儀を執行することに決した。

そして先づ通知状、式場等の準備に掛つて居ると、六月末日近く東京より電話あり。小林化主の生前宗派に対して大功労があつた故を以て宗葬の礼を以て遇したいといふ杉本管長猊下の思召で、臨時宗会を七月一日東京の宗務所に招集したからとの事であつた。

七月一日　臨時宗会に於て満場一致を以て小林大僧正宗葬の件が可決になり、即日左の如く告示された。

告示第十二号

総本山長谷寺化主大司教大僧正小林正盛殿宗葬式七月八日午前十一時総本山長谷寺ニ於テ執行ス当日ハ派内一般敬弔ノ意ヲ表シ御廻向上ルベシ

昭和十二年七月一日

宗務長　清水教譽

次いで左の八名の宗葬の式務委員が任命された。

委員長　清水教譽
委　員　網代智海
同　中村教信
同　鴇　昌清
同　平岡全教
同　荒川一盛
同　青木融光
同　小野田海尊

本山では一山総動員にて通知状発送葬儀準備、清掃等に全力を挙げて夜を日についで活動した。

通知状は全部で五千通。道場の荘厳は大阪長谷講の寄附に依る丸三葬儀社が六日より泊り込みにて出張し、大講堂に新調の白と水色のすが〳〵しい鯨幕を張りめぐらし、遺骨奉安の壇より燈明、薫香、供物、焼香の台に至るまで一切清浄な生々した笹の付いたままなる青竹にて組立て、各方面より供へられた一丈三尺の梻の立花及時花の生花籠等数十組を以て道場を厳粛に荘厳し、又表は中雀門より大玄関まで黒白の鯨幕を両側に張り廻らし玄関より式場迄も同じく鯨幕を張り、廊下に総て白布を敷つめ、大玄関外の両側には各講社等より供へられた大梻立花を飾りつけた。

何事に依らず世界的な事のお好きであつた豪快な小林猊下の御気質に叶ふ様な荘厳振である。この飾りつけを見て居ると、

――ほう　これは素敵だ　君　君　あの花は此方へ向けたらどうかね――

と小林猊下がニコニコされながら出て来て指図されそうな気がしてならなかつた。

七月八日　暑さは酷しいが晴れ渡つて居るのでそよ風があつて凌ぎよい、
午前八時頃より会葬者がぽつ〳〵登山し始める。受附より学生が案内して左記の場所にて一時休息して頂く。

長谷寺大講堂に於ける宗葬式

普門院―初瀬町内会葬者

歓喜院―（北）法類・親族・前住地総代（南）職衆寺院（奈良支所下二十口）

月輪院―信徒・講社

方丈―（奥書院）各本山門跡（小書院）大導師・派内寺院（表書院）各寺院・官公吏（応接室）新聞記者

午前十一時正しく定刻に集会の梵鐘が驚くと控場の会葬者は大講堂の式場に静かに入場し、やがて第二鐘が鳴ると、大導師豊山派管長杉本亮譽大僧正は副導師長谷寺事務長渡邊隆善僧正及び二十口の職衆を従へて静かに入堂され、左の如き式次にて長谷寺第六十六世正盛大僧正の本葬儀は厳修せられたのである。

一、奠供

一、理趣経
一、大導師歎徳
一、弔詞
一、焼香
一、光明真言
一、廻向
一、追慕和讃
一、喪主挨拶

歎徳は棺前の渡邊副導師が代読された。
弔辞は次の順序で読まれた。

弔　辞

総本山長谷寺第六十六世大司教大僧正小林正盛猊下縁謝即滅遁レ難ク去月十八日忽焉トシテ示寂セラル哀悼極リナシ
猊下幼ニシテ勝順盛師ノ門ニ投シ塵染ヲ払フテ生仏不二ノ深旨ヲ覚リ苦練修行シテ事教二相ノ奥義ヲ体ス

明治ノ中葉本派独立ノ枢機ニ参シ豊山宗是ノ確立ニ勗メ豊山中学校長豊山大学々監トシテ本派緇侶ノ育英ニ効ス大正七年三月推サレテ本派宗務長トナリ宗務ヲ鞅掌ス大正十三年五月権田猊下ニ従ツテ支那ニ渡リ重興密教ノ大志ヲ以テ伝法灌頂ヲ開元寺ニ修ス是ヨリ先宗祖大師ノ聖跡復興ヲ念慮シ鹿島ニ誕生院ヲ創建シテ大イニ遺風ヲ宣揚ス昭和五年八月管能別置ノ制布カレテ初代ノ化主職ニ任ス豊山ノ法幢是ヲ以テ愈々高ク仏陀ノ慈光是ヲ以テ益々深シ徳化聖大ニ亘リ恵眼四海ヲ掩フ今ヤ学世蕩々トシテ虚栄偽善ニ奔リ教界又衍々トシテ迷宗邪教ニ趣クノ時猊下ノ如キ偉大ナル人格者宗教家ヲ失フ教界ノ恨事之ニ過キタルハナシ

本派ハ猊下ノ偉業ニ対シ特ニ宗葬ノ礼ヲ以テ之ニ酬イントス

茲ニ本派ヲ代表シ謹ミテ弔辞ヲ捧ケ猊下ノ御冥福ヲ祈ル

昭和十二年七月八日

新義真言宗豊山派宗務長

清　水　教　譽

弔　辞

新義真言宗豊山派総本山長谷寺化主大司教大僧正小林正盛猊下六月十八日溘焉トシテ遷化

セラル痛惜何ソ耐ヘン
猊下夙ニ本派大会議員トシテ第一次宗会ニ臨ミ革新ノ政綱ヲ提ケテ進取ノ宗是ヲ確立セラレ爾来宗治教学伝道各般ノ枢機ニ与リ昭和五年八月化主職ニ就キ総本山ヲ董シ昭和十年一月真言宗長者トシテ東寺ニ鎮護国家ノ大法ヲ厳修セラル
一代六十有余年徳化中外ニ洽ネシ今其訃ヲ聞キ本派宗会ハ決議ヲ以テ恭シク弔辞ヲ捧ケテ敬悼ノ意ヲ表ス

昭和十二年七月八日

豊山派宗会議長　本田榮亮

弔　詞

真言宗豊山派総本山長谷寺第六十六世化主大僧正小林正盛猊下ハ宿痾卒然トシテ再発シ遂ニ六月十八日本尊観世音菩薩ノ御縁日ニ本山重役信者知友枕頭囲繞看護ノ下ニ慈救咒ヲ唱ヘツヽ溘焉トシテ遷化セラル
嗚呼惜哉
回顧スレバ猊下ハ資性温厚ニシテ玲瓏玉ノ如ク思想堅実才気縦横澹泊ニシテ物ニ拘泥セサル水ノ流ルヽガ如シ猊下ハ初メ新進ノ学徒トシテ新仏教主義者トシテ奔走サレシモ一度四

国八十八ヶノ霊場ヲ巡拝セラルルヤ土州室ノ山霊跡ニ到リ千有余年ノ古ヘ大師ノ昔ヲ偲ビ感慨無量歔欷流涕翻然トシテ覚ル所アリ爾来三十有余年富田大僧正ト共ニ四国霊場宣揚ノ双璧ト称セラル明治ノ末季ニハ派祖興教大師御誕生地復興事業完成ノ如キ又大正八年新古ノ大懇親会ヲ開クヤ新義両派ヲ　宮中後七日御修法ニ参加スルニ至ラシメタル素因ヲ作ラレシガ如キ其陰タル効績ヤ偉大ナリト云フベシ又師ハ天空海濶ニシテ調和性ニ富ミ磊落無□清濁併呑加フルニ多血多熱猊下一代ノ事業ハ皆源泉ヨリ流出タル賜ナリト云フベキナリ其他彩管ヲ奮ヘバ画トナリ歌トナリ詩トナリ文トナリ才気ノ喚発スル所綜芸種智自己ノ境地トナラザルモノナシ今ヤ国家多事教田開拓ニ焦眉ノ急ヲ要スル時ニ当リ稀有ノ大徳依止師ヲ失フ痛惜ニ堪ヘズ一言弔詞トス

昭和十二年七月八日

真言宗東寺派管長

大僧正　松永昇道　敬白

真言宗各派管長門跡代表

弔　辞

豊山化主大僧正正盛大和尚去ル六月十八日ヲ以テ杳然トシテ遷化セラル嗟悲夫

和尚学博ク識高ク智徳兼備リ真率事ニ当リ温情人ニ接ス殊ニ詩書ニ長ジ文芸ニ秀デ往クトシテ佳ナラザルナキノ観アリ会テ豊山中学校長トシテ育英ノ事ニ従ヒ後豊山派宗務長ノ要職ニ就キテ宗政燮理ノ任ニ当リ常ニ四方ニ飛錫シテ教化ヲ施キ遺趾ヲ探ル等殆ンド寧処アラズ真ニ密門ノ棟梁教界ノ偉器タリ往年選バレテ誕生院再興第二世トナルヤ忽チ地方ノ有志ヲ糾合シテ興産会ヲ組織シ大ニ祖跡ノ復興ニ尽瘁セラル而シテ事未ダ央ナラザルニ一派ノ興聖ヲ担フテ総本山化主職ニ栄進シ爾来益々庶民ノ帰嚮ヲ厚ウシ随時随所ニ転錫シテ一日モ晏如タル能ハズ偶々昭和十年六月脳溢血症ニ襲ハレ臥床百日漸ク軽快ヲ覚エシト雖モ宿痾全ク癒ヘズ遂ニ乃チ去ル六月中旬病勢遽カニ昂進シテ再ビ起ツ能ハザルニ到ル痛恨曷ンゾ禁ヘソヤ小衲曩ニ和尚ノ後ヲ承ケテ現ニ誕生院再興第三世ノ職ニ在リ茲ニ荼毘ノ式典ニ臨ミ万感交々至リテ言フ所ヲ知ラズ些カ敬慕ノ情ヲ攄べテ恭ク哀悼ノ意ヲ表ス冀クハ冥鑑アラセ給へ

于時昭和十二年七月八日

新義真言宗別格本山誕生院現董

権大僧正　平　澤　照　尊

稽首和南

弔辞

新義真言宗豊山派総本山化主雨峯正盛大僧正猊下度生ノ法水俄ニ絶ヘ化縁ノ薪火忽チ尽キテ密厳浄土ニ往詣セラル徳ヲ慕ヒ化ヲ憶フテ愁歎ノ声野ニ充チ山ニ響ク在世華甲ヲ迎ヘテ又一年夏臘甚ダ短ニシテ白寿ヲ越エ□化ヲ蒙ラントノ望ミ茲ニ消ユ邦家ノタメ社会ノタメ惜ミテモ猶アマリアリ猊下□ニ豊山中学校ヲ宰シ或ハ豊山大学ニ学徒ヲ教養シ宗門統治ノ執柄ニ興リ教学興隆宗勢ノ発展ニ尽サル、甚ダ大ナルモノアリ宗祖興教大師生誕ノ遺趾顕彰ニ力ヲ致シ又鶏足精舎ヲ中心トスル地方教化ニ尽サル、等一生ノ鴻業ハ到底コレヲ言端ニ尽スベカラズ戒香四方ニ薫シテ道譽一世ニ高ク徳化普クシテ万衆威ク伏ス大正甲子ノ頃重ネテ仏教連合大学創立シ解行双修ノ学徒ヲ教養シ国家文運ノ発展ニ尽サシメラル猊下ノ芳躅仰イデコレヲ鑽スレハ彌々高ク俯シテコレヲ慕ヘバ益々深シ蕪辞具ニ言フベカラズ歛葬ノ典ニ列シ恭シク香ヲ拈シテ宏徳ヲ偲フ仰キ願ハクバ大慈長ヘニ垂レテ教学□ツナカラ増上シ沙界塵利永ク和平ヲ保持シテ平等大会ニ引導シタマハンコトヲ

昭和十二年七月八日

大正大学長　椎尾辨匡

弔詞

謹而

化主大僧正猊下ノ御遷化ヲ悼ミ奉ル

昭和十二年七月八日

長谷寺信徒講社総代

葭井良三

弔詞

豊山第六十六世化主大司教大僧正小林正盛猊下ニハ愁雲深ク初瀬山頭ヲ籠メ廻廊ノ燈火一入暗キ水無月十八日ノ夕飄然トシテ俗境ヲ解脱シ涅槃ノ楽土ニ赴キ給フ

猊下初瀬ニ晋住セラレテヨリ星霜コヽニ七ヶ年此間薬餌ニ親シマレシコト多カリシト雖モ然カモ常ニ熱烈ナル信仰ヲ以テ町民ヲ化導セラル我等ハ暗夜ニ光明ヲ得タルガ如キ感激ヲ以テ御教誡ヲ体シ本尊観音薩埵ノ信仰ニ立脚シテ多事多難ナル時局ニ処セントスルニ当リ今突如トシテ猊下ノ遷化ニ会セリ我等町民ノ悲愁何物カ之ニ比セン今日此本葬儀執行セラルヽニ際シ初瀬町民ヲ代表シテ霊前ニ一抹ノ浄香ヲ拈ジ猊下ノ遺徳ヲ讃仰シテ弔詞ニ代ヘ奉ル

昭和十二年七月八日

初瀬町長　吉田長敬

この間吉田町長の前に小林化主猊下郷里代表として茨城県古河町町長平野甚助殿の口頭に依る弔辞があつた。尚この外に弔辞を贈られたもの二十団体以上に及んで居るが時間の都合に依り省略さして頂いて単に霊前に供へるだけとした。次にその内の代表的なもの四五を揚げる。

弔　詞

長谷寺化主小林正盛大僧正猊下ノ御遷化ヲ悼ミ奉ル

昭和十二年七月八日

豊山学会々長　加藤精神

弔　詞

大僧正小林正盛猊下宿痾終ニ癒ヘズ去ル六月十八日溘焉トシテ永眠セラル洵ニ哀悼ノ情ニ耐ヘザル也

猊下先年宮崎僧正ノ後ヲ継ギテ誕生院再興第二世トナリ、本会ヲ組織シテ同院ノ復興ヲ促

進セラレ余等亦々驥尾ニ附シテ会務ニ鞅掌スルコト多年
昭和五年猊下ノ総本山化主職ニ栄進セラル、ヤ余等及ビ地方信徒ハ遽カニ津ヲ失フノ感ヲ
懐キ殆ンド惜別ノ涙ニ咽ビタリキ
今マタ猊下ノ訃報ニ接シ猊下ノ温容再ビ仰ギ見ル能ハザルノ歎ニ沈ミ真ニ痛恨腸ヲ断ツノ
想アリ
顧レバ我ガ誕生院ノ復興ハ実ニ猊下ノ初メテ祖蹟ヲ発見セルニ起因セルモノニシテ誕生院
ノ今日アル一ニ猊下ノ功績ニ基クト言フモ敢テ過称ニアラズト信ズ
猊下今ヤ幽明界ヲ異ニスト雖モ冀クハ余等ノ微忱ヲ憐ミ長ヘニ冥護ヲ垂レ給ハンコトヲ
茲ニ本葬ノ式ニ臨ミ会員一同ヲ代表シテ謹ミテ深厚ナル弔意ヲ表ス

昭和十二年七月八日

佐賀県鹿島町誕生院興隆会代表

弔　詞

雨峯上人小林正盛大僧正ノ御徳ヲ欽慕敬仰スル為ニ生レタル雨峯会ハ玆ニ上人ノ遷化ニ遇
ヒ帰依所ヲ失ヒ会員一同悲嘆慟哭ス然レ共上人ノ宏大ナル遺徳ハ不滅ノ光耀ヲ放ツ我々ハ
益々ソノ偉徳ヲ慕ヒ以テ永ク之ヲ讃揚センコトヲ期ス　茲ニ会員一同ニ代リ香ヲ薫シテ恭

シク弔詞ヲ捧グ

昭和十二年七月八日

東京　雨　峯　会

弔　辞

謹テ本会顧問小林正盛大僧正ノ霊前ニ啓ス師□深ク顕密ヲ兼ネ徳高ク一世ニ秀デ詩文ニ長ジ書画ヲ能クシ弁舌亦朗暢ナリ夙ニ慈雲尊者ノ高徳ヲ欽慕シ遺芳ヲ探究スルコト多年宗門ノ為ニ東奔西走寺門興隆衆生摂化ニ席暖ル暇無キ身ヲ以テ或ハ葛嶺ニ登リテ親ク尊者ノ芳躅ヲ尋ネ或ハ洛中洛外ニ遺文ヲ索メ関東関西ニ亘ツテ広ク史料ヲ蒐集シ尊者全集ノ企画サル、ヤ其ノ貴重ナル材料ヲ提示シ鑽仰会ノ生ル、ヤ率先シテソノ評議ニ列シ本会ヲシテ今日有ラシメシモノ師ノ力ニ依ル所鮮シトセズ

師ハ実ニ教海ノ明燈宗門ノ師表タルノミナラズ慈雲尊者鑽仰ノ先駆者ニシテ而モ身ヲ以テ尊者護法ノ精神ヲ体セラレタルモノト云フ可シ其ノ麗妙ナル文筆ト熱烈ナル獅子吼トハ能ク尊者ヲ世ニ紹介シテ余蘊ナク本会ノ為メ今後師ニ期待スル所彌々大ナルモノアリシニ忽然トシテ示寂セラル誠ニ痛惜ノ念ニ堪ヘズ乃テ一言蕪辞ヲ列ネテ哀悼ノ意ヲ表ス

昭和十二季七月八日

慈雲尊者鑽仰会々長
従四位伯爵　柳澤保承　敬白

敬弔

本会評議員小林正盛殿遷化セラル
哀悼ノ情ニ堪エズ謹ミテ会員ニ代リ恭シク弔意ヲ表ス
昭和十二年七月八日

茨城県古河郷友会々長
従三位
陸軍中将　勲二等　竹上常三郎
功四級

弔詞

帝国軍人後援会有攻会員小林正盛氏逝去セラル氏ハ本会ノ主旨ヲ協賛シ篤志ヲ以テ会資ヲ幇助セラレタルハ本会ノ深ク感謝スル所ナリ今ヤ訃音ニ接シ痛惜ノ至リニ堪ヘス茲ニ恭シク弔意ヲ表ス

昭和十二年七月八日

帝国軍人後援会奈良支会長

三　島　誠　也

弔　辞

西国第八番長谷寺化主大僧正小林正盛猊下ハ去ル六月十八日□ノ病ニ遷化遊ハサル嗚呼教界多事ノ秋転タ寂寥痛惜ニ堪ヘス本日宗葬ノ大儀ヲ行ハセラルニ当リ謹テ弔意ヲ表ス

昭和十二年七月八日

西国札所連合近畿風水害

慰霊塔建立事務局

代表　槙尾山主　坊城英嚴

弔　詞

嗚呼小林大僧正猊下今何処ニカアル

泉門一度ビ掩ハレテ再ビ見ユルニヨシナシ哀シイカナ師ハ茨城県古河町ニ呱々ノ声ヲ挙ゲラレ少年時代早クモ仏門ニ入ツテ孜々研鑽遂ニ大司教大僧正ノ最高僧位ニノボリ総本山長

谷寺ノ化主トシテ教化ヲ四方ニ垂ル不肖又同郷ニ生レ常ニ師ノ偉大ナル人格ト博学多識ソノ高遠ナル教化トニ浴シテ渇仰止マザリシニ今ヤ幽明ヲ異ニス哀シイカナ不肖□ニ古河町初瀬講ヲ組織スルヤ講員ハ忽チニシテ多キヲ加ヘ現今百余名ニ達シ信仰ノ心日ト共ニ熾ソナラントスルモ之レ一ツニ師ノ崇高ナル教化ノ賜物ナリト信ズ□濁セル世相人心浮華軽跳ニ堕セントスルノ時我等ノ前途ニ観音薩埵無限大慈悲ノ光明ヲカヽゲラレ温顔ヨク我等ヲ指導セラレシ師今ヤ亡シ哀シイカナ

ケフ長谷ノ霊地ニ大葬儀執行セラルヽニ会シ多ク言フトコロヲ知ラズ猊下ノ御前ニ伏シ英霊永久我等衆生ヲ愍ミ給ヘト申ス

昭和十二年七月八日

古河町初瀬講々元

茨城県議会議員　熊木榮太郎

弔　辞

総本山長谷寺化主大司教大僧正小林正盛猊下遷化セラレ哀悼ノ至リニ堪ヘス茲ニ本会ハ謹ンテ弔辞ヲ呈ス

昭和十二年七月八日

其他に追悼の漢詩、和歌、俳句等を贈られた方が沢山あるが同じく時間の関係で読誦披露を割愛した。又弔電も八百五十余通あつたが、一々読上げることを省略した。
焼香も暑気酷しい砌りなので左の二名とし他は自由焼香として時間を短くしたのである。

喪主　新義真言宗豊山派宗務長
清水教譽殿
遺弟法類代表　鶏足寺住職
伊藤周盛殿

近頃で小林化主猊下の本葬儀程、諸大徳の会葬された葬式も少いであらう。先づ棺側には富田斅純、湯澤龍岳、加藤精神の豊山派前管長の三大僧正が列び、宗外より東寺派管長松永昇道、泉涌寺派管長椋本龍海、山階派管長密門宥範、善通寺管長蓮生観善、智山派管長齋藤隆現、大覚寺門跡藤村密幢、安祥寺門跡湯崎弘雄、法相宗管長佐伯定胤の八大僧正が列席されたのである。其他宗内の集議、宗会議員等の公職員及び各宗本山門跡の重役達が雲の如く参集して焼香され、又信者としては前美術院長の正木直彦氏を始め、東京、茨城、栃木、群馬、埼玉、新潟方面より近くは京阪神・堺等の熱心な信者が化主猊下の信仰を讃仰し、遺徳を追慕して会葬されたのである。
法要後各本山門跡寺院は奥書院に於て、他の方丈に休息された寺院官公吏等は大講堂で、歓喜院休息の職衆、法類等は同院で、又講社信者は町内の井谷屋、大野屋両旅館に分けて、一斉に浄斉供養を行つた。

遺骨は下毛小俣鶏足寺、埼玉県忍保善台寺、肥前鹿島誕生院、朝鮮新願寺等に分骨し、本山の分は九日午前十時法類親戚及び本山職員に依つて懇に歴代化主の眠れる長谷寺新墓地に埋葬されて一本の墓標と変ぜられたのである
——俺は死なたくつちやあ、ゆつくり休めねえよ、死んだら休むこととして生きてる間はまあ働くんさ——と小林猊下は常に口癖の様に言はれて居つたが、これで永遠に安楽に——まあ　これでよし——と腰を下して好きな漢詩でも吟じられて居られるであらう。

密葬及び本葬に生花果物等を供へられた方の芳名

密葬の部

果物　一対　常州　雨引山楽法寺殿

果物　一対
蒸菓子一対　山内塔頭寺院外職員殿

生花　一対　護国寺暁天読誦会殿

生花　一対　東京　雨　峯　会殿

生花　一対　東京　中村　林盛殿

生花　一対　東京　神　徳　講殿

生花　一対
供物　一対
富田　敦純殿
佐々木教純殿
荒木　良仙殿
常盤　快雅殿
丹生屋隆直殿
山口　永隆殿

花　輪　古河　初　瀬　講殿

水菓子一籠　奈良　大和平太郎殿

菓子　一折　同　梅田　芳三殿

生花一基菓子一折　同　新納忠之助殿

薫香一箱　京都　大住音五郎殿
同　同　鳩　居　堂殿
同　同　文化時報社殿
久寿玉一対　大阪　長　谷　講殿
生花　一対　桜井　大森　苔花殿
ユバ　一籠　京都　藤木省太郎殿
花　瓶　東京早稲田大学校友会殿
薫香及果物一籠　大阪　清島　三郎殿
菓子　一折　奈良　板橋　良玄殿

本葬儀の部

梻立花一対　別格大本山誕生院殿
生花　一対　誕生院興隆会殿
生花　一対　豊山派宗会議員一同殿
梻立花一対　大和流長谷講
大阪教道総本部殿

梻立花一対　京都　施無畏講殿
同　同　大阪　築港大悲会殿
同　同　大阪　開運　講殿
同　同　大阪　福寿　講殿
同　同　大阪　本天満長谷講殿
同　同　大阪　天満長谷講殿
同　同　大阪　信徳　講殿
同　同　大阪　無事　講殿
同　同　大阪　平野長谷講殿
同　同　大阪　天下茶屋大悲講殿
梻立花一対　大阪　深切　講殿
同　同　堺　長谷　講殿
同　同　参急自動車株式会社殿
同　同　法類親族一同殿
生花　一対　大阪電気軌道株式会社殿
参急急行電鉄株式会社殿

久寿玉　古河郷友会殿

生花一対　総本山長谷寺

供物一対　評議一同殿

生花一対　東京　中村教信殿

　　　　　同　　鴇昌清殿

花輪　大阪　土田庄吉殿

生花一対　東京　護国寺暁天読誦会殿

生花一対　肥前鹿島　鍋島子爵家殿

生花　京都　加賀千代子殿

　　　大阪　豊田治助殿

樒立花一対　磯城　名勝協会殿

花輪一対　初瀬町殿

花輪一対　豊山全書刊行会殿

花輪一対　関東大師講　栗林善盛殿

　　　　　関西大師講　波多野周造殿

　　　　　長谷寺観音会　高岡直道殿

生　花　　　　　　　東京　中野高等女学校殿
岐阜提灯一対　　　　　湯澤龍岳猊下
餅籠　一対　　　大阪　清水安次郎殿
果物干物二籠　　　　長谷寺出入中殿
生花花輪　　　　　桜井　中和農園殿
生花　一対　　　　　丸三葬儀式社殿
葬儀式場荘厳一式　　大阪長谷講殿

▼小林化主病気平癒祈願

六月十四日小林化主病気再発して危篤との報伝はるや各地の信者は驚愕一方ならず、東京護国寺暁天読誦会に於ては十六日荒川放水路に於て、又東京興正会に於ては玉川に於て、それ〴〵地蔵尊奉流を修行して平癒を祈念されたのであつた。又各雨峯会前住地の寺院に於ても快癒の祈禱を執行したのであつたが、その甲斐なく遷化されたのは誠に悲しき極みである。

小林大僧正追悼会

◆東京護国寺に於ける告別式

東京雨峯会本部では小林猊下の信者にして総本山長谷寺の本葬儀に参列焼香の出来なかつた人々の為に、恰度七月十日に下毛小俣鶏足寺に納骨される分骨が東京を通過される機会を利用し同日午後二時より四時迄音羽護国寺本堂に於て告別式を執行した。

遺弟伊藤周盛師及び遺族ふく殿其他関係者八名が遺骨を捧持して午前八時十五分東京駅に着したので直に護国寺に迎へて一先づ月光殿に奉安し、佐々木護国寺貫主が廻向をなし、それより霊檀を本堂に飾つた。

定刻迄には小林大僧正の旧友、知己特信者等酷暑にもかかわらずその遺徳を追慕して四百余名も参集した。午後二時佐々木教純僧正、雨峯会関係の本派僧侶根岸榮山僧正、本田榮亮僧正、外二十口ばかり随へられて入堂して、理趣三昧を厳修し、法要後、安藤正純、中村不折、安藤嶺丸、川上雷軒、籾山牛三郎の五氏追憶談あり、遺族代表として伊藤周盛の謝辞があつて、頗る盛儀を極めた。

尚当日の弔辞は次の如くである。

弔　辞

総本山長谷寺化主大司教大僧正小林正盛猊下宿痾遂ニ癒エス去月十八日鶴林ノ雲ニ陰ル哀悼何モノカ之ニ加ヘン
猊下夙ニ本派独立ノ枢機ニ参シ宗是ノ確立教学ノ刷新ニ勗メ実習実行以テ衆侶ヲ化ス其ノ足跡ノ偉大ナル啻ニ本派ノミニ止ラス徳化四海ヲ掩ヒ行業東西ニ亘ル
本日茲ニ追悼ノ法会ニ列シ恭シク弔辞ヲ捧ケテ敬悼ノ意ヲ表ス

昭和十二年七月十日

豊山派宗務長　清水教譽

弔　辞

新義真言宗豊山総本山長谷寺化主小林正盛猊下忽焉トシテ遷化セラル
猊下ハ嘗テ本校々長トシテ本校ヲ主宰シ令聞校ノ内外ニ洽ク其ノ薫化ニ浴セルモノ数千ヲ以テ数ヘラレ慈父ノ如ク慕ハレ導師ノ如クニ敬セラル又他面六道能化菩薩トシテ豊山百万ノ帰仰ヲ御一身ニ受ケラレソノ徳化ハ国ノ内外ニ及バザルハナシ然ルニ今猊下ハ六十二年ノ春秋ヲ一期トシテ不滅ノ滅ヲ示シ給フ暗夜ニ燈明ヲ失ヒシ如ク盲亀ノ浮木ヲ失ヒタル如シ哀痛何ゾ堪エン末世澆季ノ我等誰レニ依テ木鐸ヲ振ヒ何ニ頼ツテ大幢ヲ樹テン流水源ニ

還ラズ落花枝ニ上ラザルヲ思フ時若カズ徒ラニ哀シマンヨリハ猊下ノ活訓ヲ体シテ勇猛精進以テ吾等ノ本懐ヲ遂行センニハ茲ニ追弔会ニ際シ謹ンデ弔辞ヲ呈シ併セテ本校七百ノ職員生徒及二千五百ノ校友ヲ代表シテ所信ヲ披瀝シ奉ル
敬テ白ス

昭和十二年七月十日

豊山中学校長　山田爲藏

弔　辞

初瀬専修学林長大司教大僧正小林正盛猊下ノ遷化ヲ悼ミ謹ンテ弔意ヲ表ス

昭和十二年七月十日

東京専修学林長
二等司教権少僧正　田中恭盛

◆古河尊勝院に於ける告別式

茨城県古河町は小林大僧正の生誕の地であり、又同地の尊勝院は得度修行の寺であつて、頗る因縁の深い土地なので、小林大僧正本葬儀には古河町会の決議で平野町長及び町会議員を初瀬町に派遣して焼香せしめたのであつたが、一般町民も是非回向し焼香したき希望があつたので、東京と同じく鶏足寺に納骨する分骨を古河に下車を願ひ町民に心ゆくまで告別させ様と古河町古河雨峯会、古河仏教団、あかつき会古河初瀬講、茨城県第七号宗務支所下寺院の各団体連合で七月十一日午後一時より三時迄尊勝院で告別式を挙行することとなり、十日打合せの為丸山義一氏音羽護国寺に於ける告別式に出席し、遺族と会見の上、同日中古河町に赴く事に決し、東京の告別式終了後直ちに出発、古河駅午後七時着にて尊勝院に至り、御骨を奉安したそして大僧正が幼時修行したこの寺で一夜の御通夜をなす事とした。

十一日定刻古河町内寺院及び第七号支所寺院が職衆となつて法要を修行し終つて小野田執事、大僧正御遷化前後の様子及び詩文集に関して報告があつた。焼香者は午後一時より二時間後を絶つことなく続々と引続き古河全町民がほとんど全部焼香したかと思はれた偉人聖人は生前故郷に入れられぬのが多いのに、大僧正はかくまで故郷の人に慕はれたかと思ふと、今更その御徳の偉大なのに驚かざるを得ないのであつた。

◆東京興正会追悼会

東京興正会では密葬当日である六月二十日及び七月四日並に本葬の七月八日の三回に渉り玉川大空閣に於て追悼遥拝式を挙行した。

◆結城雨峯会追悼会

茨城県結城町曽我殿台秋葉氏別荘に於て結城雨峯会にては七月三日小林大僧正と因縁の深い曽我地蔵尊の御堂に於て追悼法要を修した。

◆栃木三号支所追悼会

六月二十日密葬当日栃木県第三号支所下寺院に於ては小林大僧正の前住地小俣鶏足寺に参集し追悼法要を厳修した。

×

其他古河町では七日七日の忌日互に関係者が尊勝院に集つて回向し、時には追悼の俳句など開いた。又肥前鹿島町誕生院の御通夜講、水戸市神崎寺の観音経読誦、朝鮮新願寺、各地雨峯会などそれ〴〵追悼回向法要を行つた。

本葬当日の七月八日には豊山派宗務長の告示が出たので末派三千ヶ寺に於て、それ〴〵種々な方法で追悼回向が修されたのである。

▽分骨を鶏足寺へ奉持す

小林化主の分骨の内下毛小俣鶏足寺に納める分は七月九日午後九時五十分大阪駅発急行列車にて鶏足寺住職伊藤周盛師が分骨を奉持し、遺族未亡人ふく子、次男尋盛、四男卓盛の両君及び女婿三国浄春師、同とく子殿、本山より小野田海尊師、遺弟小川英純師、中原俊盛師の八名が随行して出発し、途中十日東京護国寺に於ける告別式、十一日茨城県古河町尊勝院の告別式に列席の上、十一日夕刻小俣鶏足寺に着した小林大僧正が本山化主に就任遊ばされて昭和五年九月二十八日鶏足寺を御出発されてより、満七年目の悲しき御帰山であつた。

遺族の三人は今後鶏足寺に住して遺弟の筆頭である伊藤周盛師の御世話に成ることに決した。

▼鶏足寺納骨式

小林大僧正の分骨を迎へた下毛小俣鶏足寺では、桐生雨峯会、足利雨峯会、栃木県第三号宗務支所寺院連合主催の許に七月二十二日午後二時より一時間告別式を挙行し、終つて同寺列代の墓地へ納骨した。

付録2　富田斅純「小林君の入寂并葬儀」

付録1と同じく、小林正盛の遷化において、富田斅純が『遍路』第七巻第七号（昭和十二年七月十二日発行）に寄稿した弔文である。極めて親しい友人富田による追悼文である。

小林君の入寂并葬儀

富　田　斅　純

入　寂　　一

唯一無二の友小林正盛君は本月十四日に脳溢血を再発し右半身は不随となり、全く人事不省に陥つた、私は十六日の晩に長谷寺に到着して密葬まで五日間滞在した。

二

十七日朝小林君一時危険状態となつて注射を二十分間に一度づゝ行うた、併し午後に少康を得た。其の時本山の青木執事は

富田さんも佐々木さんも御出です。大往生をお遂げなさい。

と耳語した、私は

静かにお休みなさい。

と最後の挨拶をした、反射作用か知覚があつたか、何れにせよ、息ざしが一つ其の時は変つた。

青木執事が念珠を小林君の左の手に渡した、枕頭に山口君が慈救呪を唱えて居る、小林君は、念珠を高く捧げて繰り出した、勿論一呪に一つ繰ると云ふのではないが、兎に角念珠が繰られて居るだけは慥(たし)かだ、発病四日目、而かも昨日は注射の二十本もされた人、それが念珠を高く挙げて爪繰るは奇跡だ。

三

翌十八日の朝、私は地蔵菩薩の呪を十万遍誦することを発願した。午前は大講堂に行つて経行をし乍ら之を誦して居つた、午後五時頃は、小林君は一山僧侶と見舞に来た人と約百名の僧侶に囲まれて居た、夏雨はシボ〳〵と降つて居る、其の時何処からともなく誦経の声が私の耳に入つた、誰がお経を読んで居るのであらうと、室内全部を見渡したが、誰

も読んで居るものはない、耳を澄して聴き直せば、雨水が雨桶を伝うて流るゝ声であつた、是れは昔ならば二十五菩薩来迎の声と云うたのであらう、若し私が死ぬる時に小林君が枕頭に居つたならば、正しく聖衆来迎の声を聞いたと居並ぶ人々に報告されたに違ひない、惜いかな、小林君が先に死んで、罪業の深い信仰の浅い私が残つて居る。

四

愈々臨終が近づいたので、私が発声して慈救呪を合唱した、手足を微動だもせず約五分程で、不動明王御手より引いた引接の縄が其の手に渡された、全く理想的な大往生を遂げた、時は午後六時十五分である、直ちに理趣経一巻と平生信仰せられて居る観音菩薩、地蔵菩薩、不動明王の三真言が私の経頭で読誦された、日は将に暮れんとして居る、私はその時念珠の記子を見た、地蔵呪はまだ四万三千九百返すら誦して居らぬ。

五

私は実に淋しい、ガツカリした、泣いても喚いても足らない、併し私は他人に醜態を見せまいと、胸の張り裂く思をして我慢した、二十日の午後三時頃長谷寺の大玄関で小林君の棺と別れて後は、遂に堪え切れず法衣を放り出して人の居らぬ奥書院の一室に隠れた。

一

小林君の入寂の時は本山葬となる筈であつた、五七日でも既に諸学校は暑中休暇になつて居るから七々日は勿論駄目だ、百ヶ日は秋の彼岸中で坊さんは会葬するに困るであらうと云ふので、三七日の葬儀と大体定つた。

二

小林君は総本山長谷寺第六十六世の化主である、小林君は豊山派の集議二十名の互選で就職したのであつた、所が次回の化主は選挙法が改正になつて二十名の集議と前管長を候補とし、豊山派寺院住職が全部で選挙することゝなつた、此の規則は八月一日より施行せらるゝ筈であるが、化主が欠員になつてから六十日以内に後の化主を選挙せねばならぬのである、而して其の選挙には四十日間を要するのである。

三

小林君は六月十八日に入寂した、直に発令したならば旧法に依て選挙が出来たのであるが、密葬のため宗務当局が総本山に出張中で遂に夫が延引し、新法でも旧法でも化主選挙が適法に実行せられぬ、そこで止むを得ず臨時宗会を招集することになつた、当局は小林化主の葬儀を宗葬にしやうと云ふ提案をした。

四

或る意味からは此の宗葬は、小林君が全く拾ひ物であるかも知れぬが、私は宗祖興教師の冥鑑の然らしむる所、小林君が一生涯を立派な宗教家として過した天の賜であつたものと信ずる、天の賜を受くるまでに幸福であつた、彼の葬儀、固より盛大で荘厳であるべきは当然である。

五

豊山創立以来、最も盛葬されたのは守野秀善化主で、守野化主は真言宗合同当時、真言宗長者に就職せられたので、時の長者別處榮嚴和尚が大導師を勤め、釋雲照、吉堀慈教など云ふ傑僧が大勢会葬せられた。

六

小林君の葬儀には現管長杉本亮譽師が大導師で、棺前には先例に依り総本山事務長渡邊浄善師が坐つた、棺側には加藤精神、湯澤龍岳及び余の豊山派前管長が三人列した、其の隣には東寺派管長松永昇道、泉涌寺派管長椋本龍海、山階派管長密門宥範、善通寺派管長蓮生観善、智山派管長齋藤隆現、大覚寺門跡藤村密幢、安祥寺門跡小野派前管長湯崎弘雄、他宗からは法相宗管長佐伯定胤の諸大徳が会葬せられた、即ち七人の管長、四人の前管長が其の席に列つた訳である、然れば此の点は守野化主の時よりは盛大であつたのだ、会葬者中には正木直彦前美術院長の如き特信者もあり、雨峯会と云ふ特別な団体があり、出身地古河町長も列した、勿論満堂立錐の余地なしであつたが、何んだか有象無象一切の衆生慕つて堪えきれず集り来つたやうな感じがされた、他のお葬式の義理の為めに来たものとは其の趣が非常に異つて居る。

七

弔詞は東寺派管長松永昇道師始め各団体の代表者だけが読まれたが、計百余十通あつた、弔電は八百余通あつた、弔詞は皆一斉に小林君の熱烈の信仰を讃嘆してあつた、私は友人総代として弔詞を述べやうとも思つたが止めた、併しやはり私の気持は通じたものか、私の持参した法服が不意に最も重要な役割を務むること丶なつた、私はそれで大満足をして居る。

八

徳川時代は豊山は豊山だけであつたから他の宗派の人は来ない、真言宗合同時代には全真言宗の人が来た、現代は各宗とも交際すること丶なつたから、自ら範囲は広くなつた、とは云へ、前化主の宗葬は、此度の三分の一にも達せぬ淋しさであつた、兎に角豊山としては空前の大葬儀である、今後より以上の大高僧が出るか出ぬかは知らぬが、小林君は今後、より偉大な化主の出ることをあの世から願つて居るのであらう。

あとがき

小林正盛師との出会いは今から五十年ぐらい前になると思う。私が四国遍路を研究テーマにしようと決意し関連文献を渉猟しているときに、本書でも論じた彼の『四国順礼』を古書店で手に入れた。明治期に、当時のインテリであった小林正盛師が残した巡礼記ということで、遍路研究上も大切なものである。しかし、学界も引退したいまの私にとって、小林正盛師の評伝を書くとは予想だにしなかった。近代の人物に関する研究は資料が豊富にあるので、それだけ時間を使うことになる。特に小林師は健筆家だったので、まだまだ見ていない資料があるように思う。さらに今後、研究が一層進むと思う。

詮もないことだが、小林正盛師ご本人がこの本を読んだらどのように感ずるか、大いに興味のあるところである。少なくとも、私はこの小著を通じて、豊山派近代の傑僧のひとり小林正盛師にぐっと近づくことができたと実感している。小林正盛師は私の祖父とほぼ同世代の豊山派僧侶であり、文献を渉猟している間にも祖父の名前がたびたび現れてきて、感慨深いものがあった。祖父ほどの頻度ではないが、私の父の名前にも文献で出会い、五十年以上も前に別れた祖父、父に出会うことができたことは、個人的には小林正盛師を研究したことの思いもよらぬ贈り物であり、ひそかに小林正盛師との深いご縁を感じた。
本書を著すにあたり、小林正盛師有縁の方々、真言宗豊山派の方々、大正大学の方々や院生の諸氏、日本宗教史の研究者の方々には大変お世話になった。また佛教大学の大谷栄一氏には、ふさわしい言葉が見つからないほどのご厚誼をいただいた。改めて心より御礼申し上げたいと思う。最後になったが、法藏館編集部の丸山貴久氏には文体の統一に至るまで種々お世話になった。深甚の謝意を表する次第である。

二〇二四年六月一七日

星野英紀

星野英紀（ほしの　えいき）

1943年東京生まれ。1973年大正大学大学院博士課程修了。文学博士。専門は宗教学。大正大学文学部教授、日本宗教学会会長、（公財）国際宗教研究所理事長、真言宗豊山派宗務総長などを歴任。現在、大正大学名誉教授、福蔵院住職。主な著書に、『巡礼——聖と俗の現象学』（講談社現代新書、1981年）、『四国遍路の宗教学的研究——その構造と近現代の展開』（法藏館、2001年）、『四国遍路——さまざまな祈りの世界』（共著、吉川弘文館、2011年）、『増補改訂　初瀬の寺散歩——私の長谷寺論』（ノンブル社、2023年）などがある。

評伝・小林正盛

二〇二四年九月一日　初版第一刷発行

著　者　星野英紀
発行者　西村明高
発行所　株式会社　法藏館
京都市下京区正面通烏丸東入
郵便番号　六〇〇-八一五三
電話　〇七五-三四三-〇〇三〇（編集）
　　　〇七五-三四三-五六五六（営業）

装幀　野田和浩
印刷　立生株式会社　製本　吉田三誠堂

ISBN 978-4-8318-5574-9 C1021